JN036841

やらかした時にどうするか

畑村洋太郎 Hatamura Yotaro

★――ちくまプリマー新書

404

目次 * Contents

本文構成　佐保圭
イラスト　たむらかずみ
地図　朝日メディアインターナショナル

はじめに

失敗に厳しい時代を生き抜くために

現代は「失敗に厳しすぎる時代」と言えるでしょう。

ひと昔前は「失敗しちゃったけど、自分のまわりの一部のひとにしか気づかれていないし、そのうちすっかり忘れられるだろう」などと気楽に考えていられました。

しかし、いまは違います。

「過去の不適切な発言」という失敗によって、世間から大バッシングを受け、急きょ、二〇二一年夏のオリンピック・パラリンピックの開会式の総合演出の座から外されたアーティストや芸人がいたことは記憶に新しいと思います。

失敗に対して、世間があまりにも厳しいという事実は、有名人に限られたことではありません。

たとえ一般人であっても、軽い気持ちでSNSにのせた写真や発言が、名前も顔もわからない匿名の大勢のひとたちからの批判や誹謗《ひぼう》中傷の対象となってしまい、人格否定にまで至る大失敗となってしまうばかりか、「デジタル・タトゥー（ネット上から消せない傷跡）」となって、延々と苦しめられるケースも珍しくありません。

タレントや著名人ではなくても、私たちの誰もが「もし失敗したら、見知らぬ大勢のひとたちからネット上で袋叩《だた》きにあうかもしれない」と怯《おび》えてすごさなければならない時代に生きています。

そんな息苦しい今だからこそ、私が発案し、研究を続けてきた「失敗学」の必要性が増しているのです。

ただ、よく誤解されることがあるので、ここであえて言っておきます。

失敗学は「失敗しないための学問」ではありません。

失敗学は「創造的（クリエイティブ）に生きるための哲学」です。

たしかに、失敗学を学んだひとは、学ばないひとよりも、失敗する可能性を低くすることができるでしょう。

「だったら、やっぱり失敗学は失敗しないですむために必要な学問なんじゃない？」と思うかもしれません。

残念ながら、その考え方は間違いだと言わざるを得ません。

理由は二つあります。

一つは、日頃からどんなに用心深く行動しても、あるいは、どれほど失敗学を身につけたとしても、それでも「失敗」というものは必ず起こるからです。

あなたのまわりのひとたちのなかに「絶対に失敗しないひと」はいるでしょうか。どんなに完璧なひとに見えても、生まれてからこれまでの人生のなかで「私は一度も失敗したことがない」と断言できるひとはいないと思います。

十数年前まで、原子力発電に関わる機関の発表資料等では「原子力発電は絶対に安全な発電技術」とされていました。言い換えれば「原子力発電事業は絶対に失敗しない」と信じられていたのです。

しかし、二〇一一年三月に起こった東日本大震災で、私たち日本人を含めた世界中のひとびとが悲惨な原発事故という「取り返しのつかない失敗」を目の当たりにして以降、そんな「安全神話」は完全に消え失《う》せました。

どんなに注意しても、どれほどたくさん知識を蓄えても、失敗を完全に防ぐことはできない――つまり、失敗学の目標は「絶対に失敗しないこと」ではないのです。

もう一つの理由は、もし「失敗学を身につけて、とにかく失敗しないように」とばかり考えて、失敗に怯えながら過ごしていたら、成功する機会も、成長するチャンスも失ってしまい、人生がとてもつまらないものになってしまうからです。

失敗は必ず起こってしまうのですから、「絶対に失敗しないように」などというムダな考え方は捨てて、つい失敗してしまったら、気持ちを切り替えて「絶好のチャンス！」と考え、「なぜ失敗したのか」「この失敗からどんなことが学べるのか」を徹底的に分析・整理して、その後の自分の人生の糧にする知識やノウハウをきちんと身につけることが大切なのです。

その「分析・整理」や「糧にすること」の具体的な方法を学んで身につけるのが「失敗学」の目標です。

つまり、取り返しのつかないような大失敗ではなく、後からリカバーできるような失敗であれば、恐れることなく、「チャンスだと思ったら果敢にチャレンジできる自分」になるための哲学なのです。

ここまで説明してきた二つの理由から、「失敗学は失敗しないための学問ではない」となるわけです。

では、「失敗学を学ぶことによって得られるメリット」とはなんでしょうか。

失敗学から派生した新たな「創造学」

まずは「自分の経験した失敗から正しく学ぶ方法を身につけることで、取り返しのつかないような大失敗の起こる可能性を下げられる」ということです。

しかし、その先には、もっと大きなメリットがあります。

大きな失敗が起きる可能性を下げて、小さな失敗を必要以上に恐れないですむようになれば、本当は「成功するかどうかわからないけれど、こんなことをやってみたいな」と思っていたことにチャレンジできる自信が持てるようになります。

しかも、失敗学で会得した「自分の経験した失敗から正しく学ぶ方法」を発展させると、「思いついたアイデアを実現する方法」にも応用できます。すなわち「失敗学を身につければクリエイティブな生き方ができるようになる」のです。

それは「創造学」とでも呼ぶべき新たな哲学と言えます。

これが、もう一つの「失敗学を学ぶことによって得られるメリット」です。この「思いついたアイデアを実現する方法」については、第四章で詳しく解説します。

ところで、この「クリエイティブな生き方」とは、どのようなものでしょうか。

失敗学を学ぶ前の段階で正確に説明するのは難しいので、ここでは「クリエイティブな生き方」をしている例として、二〇二一年のメジャーリーグで、ピッチャーとバッターの二刀流で大旋風を巻き起こした大谷翔平《おおたにしょうへい》さん、世界が注目するフィギュアスケート選手の羽生結弦《はにゅうゆづる》さん、二〇二一年夏の東京五輪のスケートボード女子ストリートで日本史上最年少の金メダリストになった西矢椛《にしやもみじ》さん、二〇二二年冬の北京五輪のスノーボード男子ハーフパイプで金メダルを獲得した平野歩夢《ひらのあゆむ》さん、二〇一六年に史上最年少でプロ入り（四段昇段）を果たした竜王・王位・叡王《えいおう》・王将・棋聖《きせい》の藤井聡太《ふじいそうた》さんなどの名前を挙げるだけにとどめます。より具体的にイメージしたい人は、先に第五章を読んでもらってもよいでしょう。

エビデンスに縛られた今だからこそ大切な「推測」

私は、ある一つの大切な考え方をもとにして、この「失敗学」と「創造学」について書きました。それは「エビデンス（証拠となる記録や実験データ）の存在しない事柄から大切なことを学び取ろうとしたときは、推測や推認といった〝結果としてのエビデンスを伴わない思考〟も積極的に活用しなければならない」という考え方です。

対象物を科学的に分析・評価するとき、エビデンスは必須です。しかし、失敗学や創造学で扱う「物事の正しい考え方」や「自分のこれからの生き方に対する考察」など、抽象的かつ哲学的な課題や問題と取り組むとき、「エビデンスとなるデータがない」という理由から〝考えること〟自体を放棄してしまっては、近い将来に現れるかもしれない潜在的な（隠れた）リスクは発見できませんし、逆に、自分の可能性を飛躍的に伸ばしてくれるチャンスも逃してしまうことにつながりかねません。

現代は「エビデンスのないことはあえて扱わない」という消極的な風潮が蔓延《まんえん》してい

ますが、そんな今だからこそ、「推測」することが非常に重要だと私は考えています。

ですから、これからお話しする失敗学や創造学においても、推測や推認を積極的に展開していきたいと思います。

さて、ここまでの説明で「失敗学とは失敗しないための学問ではなく、創造的（クリエイティブ）に生きるための哲学」と説明した理由は理解してもらえたと思います。

しかし、なかには「大失敗する可能性は下げられても、ゼロにできないってことは、結局、誰でも大失敗しちゃうわけだから……」と心配になるひとも多いでしょう。

失敗は必ず起こるものですから、完全になくす方法はありません。取り返しのつかないほどの大失敗も例外ではありません。

そこで、本編の第一章では「取り返しがつかないほどの大失敗をやらかしちゃったらどうするか」という話から始めたいと思います。

第一章　取り返しのつかない失敗を乗り越える

1　追いつめてくる自分自身から逃げろ！

〝やらかしパニック〟から脱出する

とんでもない大失敗をしてしまったとき、いったい、どうすればいいのでしょうか。

とても大切なことですので、結論から言いましょう。

答えは「逃げろ！」です。

大失敗したら、すぐ、全力で逃げましょう。

誤解がないように言っておきますが、たとえば交通事故などの失敗を起こしたとき、「当て逃げ」するように勧めているわけでは決してありません。事故でも失敗でも、自分が関係したものであれば、その事実を隠したり、しかるべきところに申告しなかったりすれば、あとからもっと大きなダメージを受けることになりますし、ひととしての倫理を問われるようなことはするべきではありません。

ここで私が勧めている「逃げる」とは「大失敗してしまった自分をつい責めてしまう自分自身の追及から逃げる」ということです。

取り返しのつかないような失敗をしてしまったとき、何よりも大切なのは「自分を守り切って生き延びること」。言い換えれば「失敗を苦にして衝動的に死を選ばないようにすること」です。

大きな失敗をやらかしてしまったとき、たいていのひとは「なぜ、あんなことをしてしまったのか」とひどく後悔し、強烈な自責の念にかられてパニックを起こし、自分の精神を傷つけます。そのくり返しによって、心にも体にも大きなダメージを受け、疲れ果て、やがては思考停止の状態に陥ります。

そこまで追い詰められると「うつの状態」に至る可能性が大きくなります。そして、極度のうつ状態になると、どんなひとでも冷静に考えることができなくなるのです。

うつの状態がひどくなれば、「この激しい後悔と怒り、強烈な不安と恐怖が生み出す耐えられないほどの苦痛から逃れるには、「もう死ぬしかない」とつい思い込んでしまいます。そんなときには客観的な判断力を失っているので、本当に自ら死を選んでしまう危険性が高まります。

ですから、大きな失敗をしたときの対処法として、最優先で取り組むべきなのは「うつ状態にならないようにすること」と「うつ状態になってしまったら、できるだけ早く脱して、気力と体力を回復し、普段の精神状態に戻ること」なのです。

そのときのための準備として、まずは「うつ状態に陥ってしまう代表的なパターン」について、知っておきましょう。

大失敗はうつの状態に陥る引き金

ひとがうつ状態に陥ってしまうパターンは主に四つあります。

「目標を喪失したとき」「越えられない高い壁に突き当たったとき」「先が見えないとき」そして「大失敗したとき」です。

目標喪失によるうつ状態は、何か大きな目標を持っていたひとが、その目標を達成した直後に起きます。たとえば、入りたかった高校に入学できたのはいいけれど、いざ通い始めてみると、次の目標を見つけることができず、高校に入るまで持っていたような気力を失ってしまい、やる気がまったく出なくなり、気分もふさいで、何もしたくなくなってしまうパターンです。「五月病」と呼ばれる不調は、このうつ状態によって引き起こされます。

越えられない高い壁によるうつ状態は、たとえば中学までなら簡単に理解できていた勉強が、高校に来たらレベルがかなり上がり、目の前に高い壁が立ちはだかっているように思えてしまい、なかなか前に進まなくなってしまったときに陥りがちです。焦りばかりが空回りして、ついには無気力な状態になってしまうパターンです。

先が見えないことによるうつ状態は、たとえば人生をかけるような夢がみつからなくて、進路が決められず、高校を卒業してから自分の人生はどうなってしまうのか、非常に強い不安や焦りに苛《さいな》まれたときに始まります。将来に強い不安を感じているうちに、どうすればいいのかわからなくなって、何も手につかなくなる状態になってしまうパターンです。大学生なら就職活動中になかなか内定がもらえないとき、中高年世代のビジネスパーソンなら、定年後の人生設計が思いつかないときなどです。

大きな失敗によるうつ状態は、突然やってきます。それまであまり大きな失敗をしたことがなく、大失敗を乗り越えた経験がないひとほどプレッシャーは大きくなります。大失敗によるうつ状態から無事抜け出すことができるかどうかは、大失敗直後の衝撃をいかにうまく受け流して、どれだけ早くもとの精神状態に近いところまで回復できるかが勝負になります。

そのために必要不可欠な失敗直後の対応策が「逃げろ！」なのです。

決して「きれいごと」ではすませない

大きな失敗をしてしまい、厳しい状況に追いつめられとき、誰もが「自分の本当の味方は自分しかいない」と認めなければなりません。自分の身は自分で守るしか方法がないのです。そんなとき「とにかく生きのびること」を実行するためには、自分を責める方向にだけ進むネガティブ指向を避けられるように、一時的に頭のなかで「失敗から逃げてしまうこと」がとても重要になってきます。

本気で逃げるためには、注意すべきことがあります。

それは「きれいごとですませないこと」です。

失敗の当事者でないひとたち、失敗したひとを追い詰める側のひとたちにとって、他人の失敗など所詮は他人事《たにんごと》なので、「世間を騒がせた責任を取らせて、公の場で謝罪せよ！」とか「失敗で迷惑をかけられたひとたちがかわいそうだから、失敗したやつは袋叩《だた》きにされても当然だ！」などと考えて、傍若無人に襲いかかってきます。

そんな無責任で欺瞞《ぎまん》に満ちた〝社会正義〟という「きれいごと」は、早い段階で潰《つぶ》すか、完璧に黙殺しなければなりません。ましてや、失敗した本人が「きれいごと」で考えたり発言したりするのは論外です。

いつまでも「きれいごと」のなかで何かしようとするから無理が来るのです。本当はどうにもならないのに「きれいごと」でどうにかしようとあがくから、傷が深くなり、余計におかしくなってしまうのです。

大失敗したときは、必要最低限の処理や対応をすませたら、「きれいごと」などかなぐり捨てて、とにかくうつ状態にならないように一目散に逃げましょう。

では、具体的にどんなふうに逃げればよいのでしょうか。

私が勧める有効な方法は「他人のせいにすること」「愚痴を言うこと」「気晴らしをすること」です。

2 失敗から逃げ切れば必ず復活できる

頭のなかで全力で責任転嫁する

もし、大失敗の影響をうまくおさめる対処法が見つからなくて、激しく自己否定する思考回路にはまり、自滅してしまいそうになったとき、まずやってほしいのは「失敗を他人のせいにすること」です。

あまり深く考えず、とにかく「この失敗は、わたしのせいじゃない！」「おれは悪くない。失敗したのは、ほかのやつらの責任だ‼」と考えましょう。

私は「ウソをついてもいいから、失敗の責任を他人に押し付けろ」と言っているわけではありません。ウソは後で必ずバレますし、失敗によって受けるダメージをより大きくします。現実の世界で他人を傷つけることがないように、自分の頭のなかだけで、思いっきり責任転嫁するのです。思考の負の連鎖を止めるため、一時的に頭のなかで失敗を他人のせいにすることは、決して悪いことではないのです。

とくに根が真面目なひとほど、大きな失敗をしたとき、自分一人を悪者にしてしまう傾向があります。そういう考え方から自分を解放しないとダメなのです。

決して自分だけを責めるのではなく、「関わっていたほかのひとたちにもミスはあったはず」と失敗した原因を自分以外の関係者にも探し出して、他人のせいにすることで、自分の心の重荷を一時的に軽減することが、大失敗直後のタイミングでは最も重要な作業となります。

失敗を他人のせいにして、激しい〝自責の念〟から自分自身を逃してやることができたら、次に取り組むべき自己防衛策は「愚痴を言うこと」です。

取り返しのつかないような大きな失敗をしたひとは、大きなショックやダメージを受けて、冷静さを失い、どんどん追い詰められていきます。自分の考えの中に閉じこもり、考えが同じところでぐるぐる回り始めます。そうなると、もう正しい判断や行動ができなくなって、悪循環が続く自滅パターンに入り込んでしまって、最終的には深刻な「うつ」の状態に陥ります。

この危機的状況からは、もう自分ひとりの力では抜け出せません。

そんなときは、友達や家族に愚痴を言いましょう。

「もし自分に落ち度があったとしても、それは取るに足らないことで、何もかも全部、まわりのやつらが悪かったんだ！」

そう考えて、保身や自己弁護に徹して、思いっきり愚痴りましょう。

社会では、自分の弱みを人前でさらけ出すのはよくないこととされています。愚痴を言うのはカッコ悪いと思われています。しかし、大失敗した直後は、そんな役に立たない〝社会通念〟などキッパリと捨てて、できるかぎりたくさん愚痴を言いましょう。

なぜなら、怒りや不満を口から「愚痴」という言葉にして吐き出したぶんだけ、心が軽くなり、頭もすっきりするからです。信頼できる友人や家族に愚痴を聞いてもらって、体内から負の感情を外の世界に排出することができたら、少しは楽になり、なんとか冷静になれるはずです。

落ち着きが戻ってきたら、次は全力で「気晴らし」をしましょう。

一番のお勧めは「美味《おい》しいものを食べること」です。

大失敗で消耗した心身に活力を与えるためには、食事をとって、体にエネルギーを充たすことが必要です。それに、どんなに辛く苦しくても、ひとは美味しいものを食べるとつい笑顔になり、気分も晴れ、元気を回復できる生き物なのですから。

エネルギーの回復に全力を注ぐ

人間とは「弱さ」を持った存在です。その弱さゆえ、失敗すれば傷つきますし、その傷口から生きるためのエネルギーが漏れてしまい、何もできなくなってしまいます。

そんなとき、大切なのは「自分は弱いから、いますぐには自分の起こした大失敗と向き合うことなんてできない」と潔く諦めることです。立ち向かう力も残っていないのに、無理して抵抗しても良い結果が出るはずもなく、かえって疲れ果て、もっと悪い状況に陥りかねません。

人間には「回復力」が備わっています。大切なのは、大失敗で失われてしまったエネルギーが自然に回復するのを待つことです。

回復するまでにどれだけの時間がかかるのかはひとそれぞれですが、いつかは失ったエネルギーを取り戻して、自ら行動できるほどにまで回復します。そこまで回復できるときを待つことが、取り返しのつかないような失敗をしたあとの最善の策なのです。

そして、エネルギーが溜《た》まってきたら、次に取り組むべきなのは「違った視点で大失敗を見直すこと」です。

いつも見ていた場所が、あるとき違った場所から見ると、まるで違う景色に見えたことはありませんか。同じものでも、視点を変えただけで、また違った印象が得られることも少なくありません。

失敗したひとの心理についても、同様のことが言えます。

大きな失敗をしたあと、ひとは「いまが人生のなかでいちばん底の状態だ」と思い込んでしまいます。だからこそ、ショックは大きく、もう二度と立ち直れないのではないかと憔悴《しょうすい》してしまいます。

しかし、大失敗した直後には逃げて、逃げて、逃げ回って、信頼できるひとに思う存分に愚痴を言って、できるかぎり気晴らしして、少しでも気力と体力を回復することができたら、もう一度、自分が起こした失敗に目を向けてみてください。

失敗直後は「これより下はないほどの奈落の底」に落ちてしまったように思えたのに、時間が経ってから見てみると、落ちているけれど一番底ではないとわかります。なんとか死なずに持ち堪《こた》えることで、時間が経ちさえすれば、まわりからの批判的な目も、自分の置かれている立場も、自分自身に対する思いや考え方も、程度の差こそあれ、何もかも変わってしまっていることに気づくのです。

見方が変わると「どうしてあそこであんなに思いつめて、いきり立って、失敗に対峙《たいじ》していたんだろう?」と思うようになり、当時の必要以上に張りつめていた自分がバカバカしく思えるようにすらなります。

そうなったら、急に気が楽になります。

ですから、他人を傷つけるようなことさえしなければ何をしてもいいので、とにかく「大失敗の直後のパニック状態」をやり過ごすことが最優先なのです。

そこさえ持ち堪えられれば、あとは時間をかけて、前向きに動けるだけのエネルギーが回復するまで待てばよいのです。

失敗というものは、どんなに注意しても、くり返してしまうものです。

私はそれを「ありうることは起こる」と表現しています。

しかし、対処できないくらいひどいダメージを与える失敗や、取り返しのつかないほど深刻な失敗は、なんとかして避けたいものです。

せめて、大きな失敗が起きる可能性を少しでも低くするためには、どうすればいいのでしょうか。

そのために必要不可欠な「失敗を〝他人事《たにんごと》〟にしないで〝自分事《じぶんごと》〟にすることで、自分の頭でちゃんと考えるようになる」ということについて、次の章で解説したいと思います。

第二章　自分の頭でちゃんと考える

1　他人事化の弊害

匿名の誹謗中傷が増殖

現代は〝他人事化《たにんごとか》〟による弊害で溢《あふ》れた世界と言えます。

たとえば、この本の冒頭でも触れた「二〇二一年夏のオリンピック・パラリンピック開会式の総合演出が急に差し替えられた事件」のように、ＳＮＳによって告発された過去の不適切な発言によって、大勢のひとたちから批判された話にも、この他人事化が大きく関わっています。

インターネットが広く世界に浸透した結果、一般のひとたちにも他人を公の場で批評や批判できる環境が与えられました。しかも、名前も顔もわからない匿名性に隠れたまま、公的な審査を受ける必要もないので、たとえウソであっても、しっかりしたエビデンス（証拠）がなくても、感情のおもむくままに書くことができてしまいます。

結果、誰かが失敗すると、自分の憂さを晴らしたり不満を解消するために、むやみに責め立てたり、根も葉もない誹謗《ひぼう》中傷を無責任に叩《たた》きつける卑劣な行為も増え、社会問題になっています。

何より深刻なのは、あまり深く考えもしないで、「根拠のないまま特定の個人をネット上でよってたかって袋叩きにする」という行為に加担しているひとたちも少なくないことです。

そんなことが起こる最大の理由は、多くのひとが行き過ぎた「他人事化《たにんごとか》」の結果、自分で考えることを放棄してしまっているからだと私は考えています。

いま、匿名性の影に隠れて無責任に特定の個人の失敗を誹謗中傷しているひとたちのほとんどは、自分自身でその個人の失敗を調べたわけではなく、誰かがネット上で発信していることを鵜呑《うの》みにして、そのまま自分の意見としてネット上に書き込んでいるケースが多いように見受けられます。本来、そんな行為には意味がないはずですが、実際には社会に害すら与えています。

自分の頭でちゃんと考えることもなく、他人が書いた内容に乗っかって匿名で書いた罵詈《ばり》雑言がネット上で拡散され注目されると、それを見たひとは「この方法だと、自分は安全な場所にいたまま、他人を痛めつけられるし、自分の存在も認めてもらえる」と認識して、ちゃんと自分で考えることなく、匿名だからと気軽に悪口をネット上に書き込みます。そのようなケースが増殖した結果、「自分がひどい目に遭わないまま、他人をいたぶることができる」という認識が広がり、同様の卑劣な行為に走る人間を増やすことになるのです。

このようなひとたちは「自分で考えること」をやめてしまっています。ネット上に自分の居場所をつくりたいためだけに、他人の頭のなかを借りて、そのひとの意見が自分の意見であるかのように振る舞っているように私には見えます。

言い換えるなら、彼らは「他人事にしながら楽しんでいる」わけです。人間には、そういういやらしい部分、弱い部分があります。

だからと言って「仕方がない」とは言えません。「それって、ずるいんじゃないの？」

と私は思います。

しかも、そういうふうに他人事として楽しむひとが増えて、ある程度の規模の人数になると、往々にして商業主義と結びつきます。

ヒートアップに目をつけた輩《やから》が「この炎上は金になる」ということで、さらに加熱するように煽《あお》ります。その結果として、世間の多くのひとたちが世間の風潮に押し流されていくようになります。そういう傾向がどんどん強く意識されるほど、流れはさらに大きくなっていくのです。

いまの時代を生きるための二択

「世の中とはそういうものだよ」と言われれば、そうかもしれません。

しかし、一方で「私はそういう世のなかの流れとは関係しない」という生き方だってあります。少なくとも私は、そういう他人事の無責任な行為や商業主義には与《くみ》したくないと強く思っています。

なんでも他人事化して、自分の頭で考えるのを止め、エビデンスも確かめないまま、

「みんなが言っている（やっている）から」という理由だけで誰かを袋叩きにして憂さを晴らしたり、そこにつけ込んだ商業主義を漫然と受け入れてしまうのか。

周囲の雰囲気や同調圧力に流されず、きちんと自分の頭で考えて、判断し、行動していくのか。

どちらを選ぶのかは、いまの時代を生きる人間にとって、本当に大事なことだと思います。もちろん、みなさんにはぜひ、後者を選んでもらいたいのです。

他人の発言や考えに乗っかるばかりで、自分の頭でちゃんと考えないと、やがて取り返しのつかない失敗を起こしかねないからです。

この「自分の頭でちゃんと考えないと、取り返しのつかない失敗を起こす」という話を象徴する事例があります。

二〇一一年三月一一日に発生した東日本大震災で、福島第一原子力発電所が事故を起こしました。その結果、一〇年以上経《た》ったいまもなお、福島県の一部の放射能汚染地域ではひとびとが暮らせない状況となっています。

この福島第一原子力発電所の事故が深刻な事態となった原因の一つは、非常用ディーゼル発電機が発電所の地下一階にあったため、津波による浸水で動かなくなったからです。

では、なぜ、非常用発電機は地下一階にあったのでしょうか?

その理由こそ「関係者が自分の頭でちゃんと考えなかったから」なのです。

2　東電福島原発事故から見えてくるもの

なぜ非常用ディーゼル発電機は浸水したのか

二〇一一年五月、「東電福島原発事故調査・検証委員会」が発足しました。東京電力福島第一・第二原子力発電所の事故および被害の原因を究明するための調査・検証を行い、被害の拡大防止や事故の再発防止などに関する政策提言を行うための組織です。

私は政府の内閣府に依頼されて、一〇名の学識経験者などから構成される委員会の委員長を務めました。一年二カ月後の二〇一二年七月、最終報告を提出して、調査活動は終了しました。

同年九月、閣議決定により、同委員会は廃止されましたが、その後も、私には強い違和感が残っていました。

《なぜ、東京電力福島第一原子力発電所では非常用ディーゼル発電機やバッテリー（直流電源）、電源盤が地下一階にあったのだろう？》

地震が発生したとき、第一原子力発電所の一号機では、核分裂を抑える制御棒が原子炉にすぐ挿入され、原子炉は停止しました。一号機は地震で外部電源を失い、圧力容器内を冷却するための復水器が使えない状態にありました。しかし、非常用ディーゼル発電機が自動的に起動して、非常用復水器が稼働し、炉心の冷却が始まりました。

この非常用復水器が圧力容器内の蒸気を冷却して水に戻し、再び圧力容器へ送り込むことで、炉心は冷却されていました。

ところが、約五〇分後に津波が襲ったことで、事態は大きく変わります。

この津波で第一原子力発電所の地下一階は浸水し、水に浸かった非常用ディーゼル発電機、バッテリー、電源盤が使いものにならなくなったのです。そのため、非常用復水器は機能を停止しました。冷却されなくなった圧力容器内の水は蒸発し続け、露出した燃料棒が水蒸気と反応して大量の水素が発生しました。格納容器から漏れ出た水素は、原子炉建屋の上部にたまり、津波が来てから約二四時間後、なんらかの原因で引火し、爆発したのです。

つまり、事故や災害時に重要な役割を果たす非常用ディーゼル発電機やバッテリー、電源盤などが地下一階ではなく、津波の被害を受けない高台か、せめて長時間の浸水は避けられた地上に設置されていたとしたら、炉心の冷却が続けられ、状況は変わっていたかもしれないのです。

では、なぜ、非常用ディーゼル発電機やバッテリーや電源盤などは、わざわざ地下一階に設置しなければならなかったのでしょうか。

いろいろと調べた結果、私は、驚くべき事実を推認するに至りました。

実は、東京電力福島第一原子力発電所で非常用ディーゼル発電機やバッテリー（直流電源）、電源盤を地下一階に設置したことには、科学的な根拠がなかったのです。

ただ、「見本にしたアメリカの原子力発電所の設計がそうだったから」というのが主な理由だったらしいのです。

ならば、福島第一原子力発電所の設計の見本となったアメリカの原子力発電所では、なぜ、地下に設置しなければならなかったのでしょうか。

その理由がわかったとき、私は愕然《がくぜん》としました。

見本にしたアメリカの原子力発電所の非常用ディーゼル発電機やバッテリー（直流電源）などが地下一階に設置されたのは「地上に設置したら、巨大なトルネード（竜巻）の襲来を受けたとき、破壊されてしまうから」でした。

トルネードのない日本で地下一階に設置した〝愚〟

図1と2の二つの地図を見比べてみてください。

上の地図の原子力発電所の位置と、下の地図のトルネードが多発する地域の位置は、奇妙なほど一致しています。つまり、アメリカの原子力発電所の多くは、トルネードが頻繁に発生する地域に建設されているのです。

日本ではあまり大きな竜巻が発生しないので、竜巻の発生により施設が被害を受けるというイメージがありません。しかし、みなさんもニュースで見たことがあるかもしれませんが、米国の巨大なトルネードは日本の竜巻とは大きさもエネルギーも比べものにならないくらい巨大なのです。

たとえば、トルネードの場合、発生してから長いものでは数時間も続き、風のスピードは秒速一〇〇メートルにまで及びます。

そんな巨大なトルネードは車でも建物でも根こそぎ風の力で巻き上げてしまうので、通過した後には何もない真っ平らな土地が残るだけというほどの強烈さです。

なので、アメリカの原子力発電所のなかには、いざというときとても重要な役割を果たす非常用ディーゼル発電機やバッテリー（直流電源）、電源盤などは、トルネードに持っていかれたり破壊されたりしないよう、地下に設置しているケースがあるのです。

しかし、日本には米国の巨大トルネードと同等レベルの猛烈な竜巻は起こりません。しかも、福島第一原子力発電所は海のすぐ近く、いわゆる臨海地域に建てられているので、巨大な竜巻よりも津波に襲われる可能性の方が高いと言えます。

なのに、津波で浸水するリスクを考えて高台や地上に設置するのではなく、巨大なトルネードに襲われることなどないのに、ただ「見本にしたアメリカの原子力発電所がそ

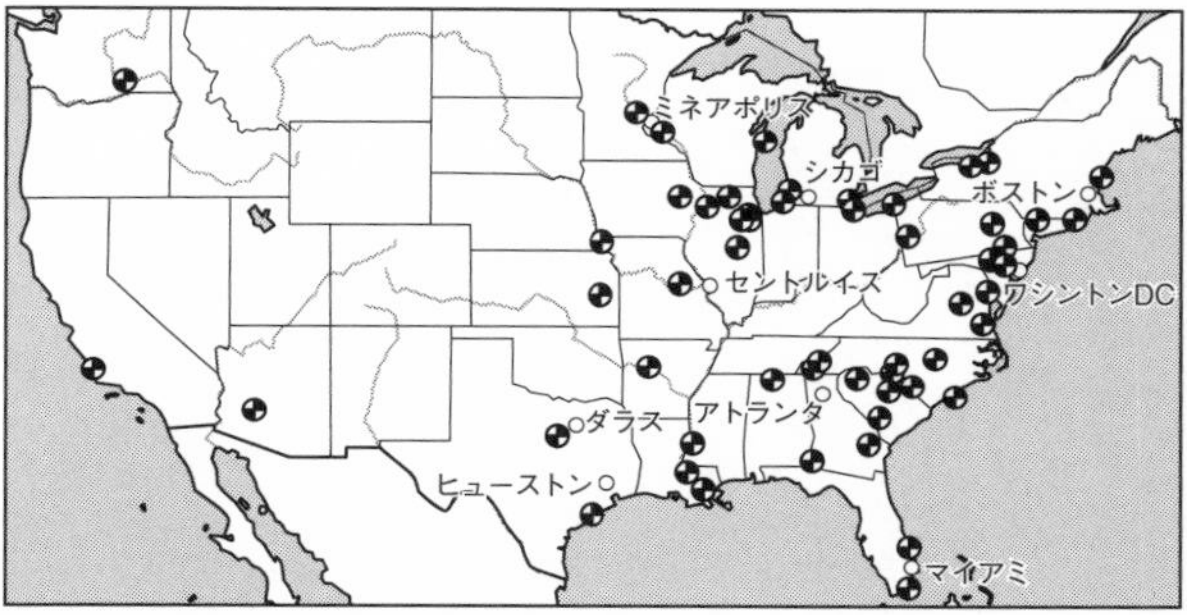

図１　アメリカの原発の位置（米国エネルギー情報局より）

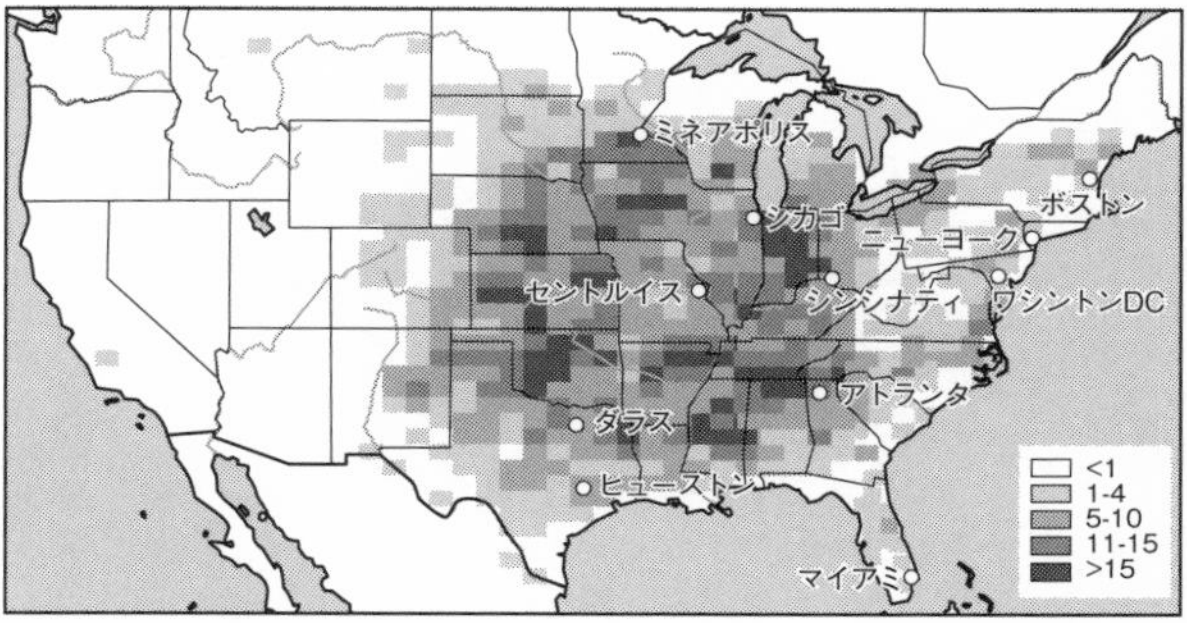

図２　アメリカで竜巻が頻発する場所。EF3、EF4、EF5の重大な被害を及ぼす規模の竜巻が1950 ～ 2006年の間に何回起きたかを示している（連邦緊急事態管理庁より）

うだったから」という理由で、非常用ディーゼル発電機やバッテリー（直流電源）、電源盤は地下に設置されたと推認できるのです。

東京電力福島第一原子力発電所の一号機は、言わばアメリカの原子力発電所の焼き直しでした。「すでに安全性が確かめられた技術なのだから」と、日本ではどうだろうかと推測することもなく、自分の頭でちゃんと考えもしないで無批判に受け入れてしまいました。その結果、誰も「そのまま地下に設置したら、津波が来たとき、非常用ディーゼル発電機やバッテリーや電源盤が浸水で壊れて、大きな事故につながるかもしれない」という事実を重視しなかったわけです。

これこそ「失敗（事故・津波）を他人事のようにしか想像できず、他人（アメリカ）の考え方に乗っかって真似るばかりで、自分の頭でちゃんと考えなかった結果、取り返しのつかない大失敗（大事故）を起こしてしまった事例」と言えます。

まさしく「自分の頭でちゃんと考えようとしない」という日本人の傾向が、現代に至るまで、数多くの大事故（大失敗）を引き起こしてきたのです。それは福島第一原子力発電所の事故のような大規模なものばかりでなく、個人レベルにおいても、同様のことが言えるでしょう。

どうして日本人には「自分の頭でちゃんと考えようとしない」という傾向が強く見受けられるようになったのでしょうか。その傾向は大昔から日本人の長い歴史のなかで積み上げられてきたものだと考えられます。

3 なぜ日本人は自分の頭で考えられなくなったのか

できあがっているものは真似ればいい

極東に位置する日本は大昔から、中国でできあがった文化や技術の一番いいところを自分たちの暮らしのなかに取り入れてきました。自国で苦労して一から生み出さなくても、となりの隋《ずい》や唐などに行けば欲しいものを見つけることができました。日本は「必要なものがあったら、すでにいいものを持っている国から持ってきて真似る方が効率的だ」ということを何百年という時間をかけて学んでしまったのです。

その結果、「新しいものを一から生み出すまでには、どんなにたくさんの失敗があり、その失敗から学び取った知識やノウハウが蓄積されているか」ということに気づくこともなく、自分でちゃんと考えようともせずに「結果だけ真似すれば事足りる」という傾向が強くなったのだと思います。

さらに江戸時代が終焉《しゅうえん》を迎える頃から、この傾向はより強くなっていきます。明治維新以来、日本は当時の先進国である欧米列強に追随し、その文化や経済、科学技術などあらゆる面で、そのまま真似することが国を進歩させることだと信じるようになりました。

確かに、その成果として、当時の日本は目覚ましい発展を遂げました。しかし、一方で、できるかぎり短期間で真似することを重視するあまり、日本独自の文化や文明を築き上げるための創造性については軽視されました。結果、明治維新以降の日本では、創造性を育むような努力は行われず、そのような文化や環境も整いませんでした。

明治維新はほかにも弊害をもたらしました。

「前に「こうすればうまくいく」と決められたことは疑わず、何も考えず、そのままやるのが一番いい」という文化をつくってしまったことです。

この「決められたことをしていればいい」という文化は、その後の日本の「教育」に色濃く影響しました。

今の学生が受けている教育の大半は「自分で考えるのではなく、とにかく先生の言うことを聞いて勉強すること」を求めます。その教育を受ける現場である学校の試験問題には必ず正解があり、その正解に早く到達できたひとが良い成績をおさめて、試験に合格することになります。

つまり、日本の小・中・高・大学の受験のほとんどが「優等生の選抜試験」になっているのです。

ただ、「優等生」とは言っても、残念ながら「自分の頭で考えて創造性のある成果が出せる優れた人材」ではありません。「言われた通りの勉強方法で大量の正解を暗記できた記憶力の良い生徒」という意味です。

表面的知識と体験的知識

このような教育のもとで育った優等生たちは、自分の頭で考えることはあまりなく、ただ、頭は「メモリー」として利用され、膨大な知識が詰め込まれています。
大学の入試試験では、求められた答えを「暗記した知識や問題の解き方」のなかから探し出せるかどうかが肝心となります。考える力ではなく、記憶力の良し悪《あ》しが問われ、機械的に暗記した膨大な知識や解き方をできるだけ早くアウトプットできる学生が大学入試の勝者となり、卒業後、その学歴を評価されて、社会に出てからも枢要な地位を占めることになります。

学校の先生にとっても、教えた生徒が偏差値の高い有名大学に入ってくれると自分の評価も高まります。結局、生徒たちは、先生から言われるままに、記憶力を試す傾向にあるテストの点数を少しでも多くとれるように、知識や問題の解き方といった〝正解〟を暗記することだけに力を注いでしまい、「自分の頭でちゃんと考える」という基本さえ失っていくのです。

私は「知識」には二種類あると考えています。

書かれたことや教えられたことを他人事として暗記した机上の空論とも言える「表面的知識」と、自分事として自身の体験から身をもって学んだ「体験的知識」です。

受験では、暗記した解答や問題の解き方などの「表面的知識」をいくつ憶《おぼ》えているかが重要になります。しかし、社会に出てから求められるのは、暗記した何百もの解決法についての「表面的知識」ではなく、直面した問題それぞれに解決法を組み合わせて応用させるための「体験的知識」の方です。

学生のみなさんも社会に出ると思い知らされることになりますが、世の中のあらゆる仕事において、学校で勉強した「正解」という唯一の答えが通用するケースはほとんどありません。

学生のなかには、暗記中心の教育に興味が持てず、先生から見えないところで舌を出しているひともいるでしょう。しかし、学校ではどうしても「試験ができて要領のいい子」が先生に重用されます。そういう生徒が重用されればされるほど、暗記中心の勉強に疑問を持つ生徒たちは、学校での勉強を諦めるようになります。だからと言って「自分の頭でちゃんと考えること」も教わらないので、そちらもできないままです。

暗記した記憶を思い出すだけで答えが出てしまう入学試験をやっているかぎり、「自分の頭でちゃんと考えることができない人間」の再生産がどんどん進んでいくことになるのです。

失敗を他人事でなく自分事としてとらえる

まわりのひとたちの言動や世間の風潮に付和雷同するひとたちが増えると、ますます、自分の頭で考えるときの産みの苦しみを避けて、失敗や事故が起きたときに責任転嫁もしやすい「他人の頭で考える」という文化が定着していきます。

こうして、現代の日本には「自分の頭でちゃんと考えようとしない」という傾向が強く見受けられるようになったわけです。

そして、この「自分の頭で考えない」という傾向が、福島第一原子力発電所で科学的根拠もなく非常用ディーゼル発電機などを地下一階に設置するなど、取り返しのつかない失敗を引き起こす原因になったのです。

裏を返せば、ちゃんと自分の頭で考えるようになれば、大失敗する可能性を低くすることができるのです。

どうすれば、自分の頭でちゃんと考えて、大きな失敗をできるかぎり避けられるようになるのでしょうか。

答えは「失敗を〝他人事《たにんごと》〟ではなく〝自分事《じぶんごと》〟としてとらえること」だと私は考えます。

失敗を自分事にする一番の方法は「自分が失敗すること」です。自分の頭でちゃんと考えない文化が蔓延《まんえん》しているからといって、失敗した責任を問われれば、もう他人事にしてはいられません。ましてや、福島第一原子力発電所の非常用ディーゼル発電機の話のように、あまりに被害が甚大で取り返しのつかないような失敗をしたときには言わずもがなです。

しかし、できることなら、そんな大失敗を起こしてしまう前に、失敗を自分事にして、自分の頭でちゃんと考えるように意識を改革することで、取り返しのつかない失敗が起こる可能性を下げたいものです。

自分自身で失敗しなくても、失敗を自分事としてとらえる方法など、果たしてあるのでしょうか。

私は「ある」と考えています。

その方法とは「誰かが失敗してひどい目にあった体験談を正しい知識とともに聞くこ

と」です。「ひとが失敗した話」というのは「ひとが成功した話」よりもずっと強烈に聞き手の記憶に残るものなのです。

たとえば東京大学の工学部はかつて実験中の事故が多かったため、私が教授として行っていた機械科の授業では安全教育の一環として、過去の失敗事例を話していました。実際にあった失敗情報を正確かつリアルに発信することは、未来に起こる失敗の可能性を低くするために役立つからです。

さすがに死者が出るような事故は滅多に起こりませんでしたが、まだ学者の卵でしかない学生たちが本格的な工学の実験をする際には、知識や経験の不足を原因とする事故が起こりやすいのもまた事実でした。

この工学部の実験で実際に起こった事故（失敗）の話がどれだけ「失敗を他人事ではなく自分事にする」ことに成功して、以後、学生たちは自分の頭で考えるようになり、同じ失敗をくり返さなくなったか、実例を紹介しましょう。

4　他人の失敗を自分事化する方法

あまりに痛すぎる失敗話

当時の東京大学工学部の実験のなかに「アルミニウムを使った凝固実験」がありました。この実験では「フッ酸（フッ化水素酸）」が使用されるのですが、このフッ酸は、取り扱いにじゅうぶん気をつけなければならない危険物でした。

実験中、フッ酸が皮膚に直接触れると、外側を傷つけることなく、フッ酸は皮膚に浸透して、直接、骨を溶かします。

それほど恐ろしい劇薬なので、ある企業からのアドバイスに従って、学内で「アルミニウムを使った凝固実験」を行うときには、フッ酸が絶対に皮膚に触れないように、必ず薬品手袋を二枚重ねにすることになりました。

ところが、「フッ酸はとても危険だ！」という警告は、最初の年こそ意識され、取り扱いのルールも守られていましたが、学年が変わるうちに、学生から学生へと伝聞されていくなかで、徐々に危険物だという意識が薄れていきました。「失敗を自分事にできず、どこか他人事のように思ってしまい、フッ酸の危険性を自分の頭でちゃんと考えない」という日本の文化の悪いところが出たわけです。「フッ酸は素手でとても危険だ！」という警告も他人事のような扱いとなり、いつの間にかフッ酸は素手で扱われるようになっていました。

学内で「アルミニウムを使った凝固実験」が始まり、企業から「決して素手では扱わないように」と警告されてから三年後、その事故（失敗）は起こりました。「アルミニウムを使った凝固実験」で、ある学生が、フッ酸によってきれいにエッチングした結晶構造を観察しようとしたときでした。薬品手袋を二枚どころか一枚もつけずに素手で実験していた学生は、誤ってフッ酸を手の指の皮膚につけてしまったのです。フッ酸の危険性を自分事として認識せず、軽々しく扱ってしまったために、学生は激痛に苦しむこととなりました。

学生はすぐ、フッ酸で負傷したときの治療法に詳しい大学病院の医者に診てもらいました。医者は、治療法は二つしかないから、どちらかを選ぶようにと言いました。

一つは、フッ酸に触れた指を切り落とす。

もう一つは、指先の爪の間から注射針を刺して、カルシウムを患部に注入し続ける。注射針とは言え、爪の間に針を刺すのは、ほとんど拷問の世界です。しかし、指を切り落とすよりはマシだと考えた学生はカルシウム注射の治療に耐え続けて、二カ月後、なんとか完治することができたのです。

この実際にあった失敗話を工学部の学生たちに語っているとき、大抵の学生は、まるで自分が爪の間に針を差し込まれてでもいるかのような苦悶《くもん》の表情になります。痛い話というのは、それがたとえ自分の話ではなかったとしても、あたかも自分が体験したかのように強く記憶に残るのです。

そのため、この話を聞かせるようになってからは、フッ酸を軽々しく素手で扱うような学生は一人もいなくなりました。

もう一つ、学生たちに「失敗は他人事ではなく自分事だ」と思ってもらうため、私が学生に話している失敗談があります。

それは、私自身が起こした実験中の失敗で、危うく学生と私自身が死ぬところだったという実話です。

私が体験した実験中の大失敗

いまから四十数年前、私が東京大学工学部の助教授を務めていた頃の話です。私は大学院の演習として、学生たちと一緒に、リン青銅を試料にして、金属の破壊の実験を行っていました。金属の破壊は専用の機械を使って行いました。その機械のまわりを数人の学生が囲み、私もすぐそばに立って、実験のようすを観察していました。

ここで私は大きな失敗を二つ犯しました。

一つ目の失敗は、実験方法を変えてしまったことです。

試料となる金属の破壊の性質を調べるとき、通常は試料を「引っ張る」方法で実験します。しかし、学生たちの理解をより促進できるのではないかと考えて、私は「引っ張る」のとはあえて反対の「圧縮する」方法で実験しました。引っ張る実験を圧縮する実験に変えただけで恐ろしい事故が発生するなどとは想像すらしていませんでした。

もう一つの失敗は、試料の飛散防止のガードカバーを装着しないまま、実験を行ってしまったことでした。

危険をともなうことはわかっていたのですが、学生たちに試料のようすを観察させることが目的だったので、実験中の試料（リン青銅の金属）がよく見えるように、良かれと思ってしたことでした。そのときの私は、まさか実験中に試料であるリン青銅が飛び出してくるなどとは夢にも思わなかったのです。

いずれにせよ、本当に愚かな判断だったと今では深く反省しています。

この私の二つの判断ミスが原因で、私と学生の一人は九死に一生を得るような危険な状況に陥ってしまったのです。

死亡事故になりかけた失敗

実験では、一〇〇トン試験機を使って、試料であるリン青銅を上から加重して圧縮していきました。

実験が始まり、圧縮による変形が大きくなるにつれて、試料からはなんとも不気味なきしむ音が発せられ始めました。その音を耳にして、私も学生たちも不安を感じていました。私のすぐ近くにいた学生が異常を察知して試験機から離れた場所へと避難した直後、事故が起こりました（図3）。

圧力に耐えきれず、リン青銅が破断したのです。試料には飛散防止のガードカバーを装着していなかったので、リン青銅は猛烈な勢いで圧縮機から飛び出し、避難した学生がついさっきまで立っていた場所を通過して壁にぶつかり、跳ね返って、私の左の耳をかすめるように飛んでから、実験室の床に落ちました。

あまりの恐怖で、しばらく、誰も動けませんでした。私は、奇跡的に全員無事だったことに感謝しました。もし私の近くに立っていた学生が自分の判断で試験機から離れていなければ、彼は生死にかかわる大怪我を負うことになったでしょうし、もしリン青銅の破片が少しでもズレた方向に飛んでいたら、私も含めてその場にいた誰もが死んでいたかもしれないのです。

この実験を経験してから、私の研究室では、新たに入ってきた学生に対して、リン青銅の圧縮実験の事故の話も含めて、全ての失敗事例を話すようになりました。

失敗を他人事化して「自分は起こさないだろう」と勝手に思い込み、自分事化できな

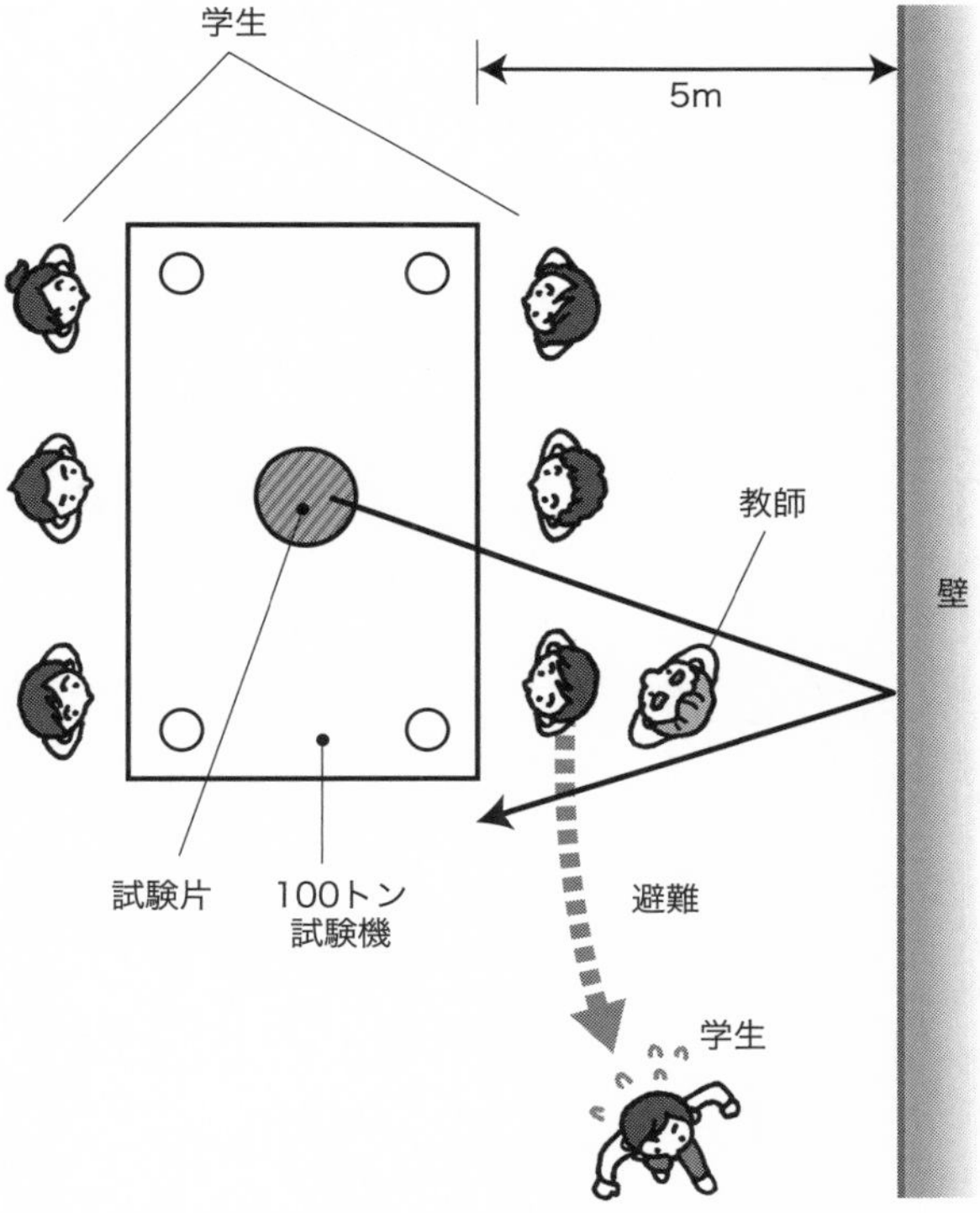

図3　実験装置の配置と試料の飛散経路

ければ、実験に細心の注意で臨むことを怠りがちです。フッ酸による負傷の恐ろしさや金属圧縮実験の危険性を伝える話など、過去の失敗の経験談は「もし自分がその立場に立っていたら……」と想像させるので、あまりに怖すぎて、誰もがもう他人事ではすませなくなります。

実際に体験した失敗情報を正確に伝えることは、学生たちに「実験中の失敗」について、自分の頭でちゃんと考えさせる効果があるのです。

5 体験的知識はいかに大切か

失敗で生まれた「受け入れる素地」で体験的知識を得る

ここまでは、取り返しのつかない失敗を自分で経験することなく、その起こる可能性を下げるために、ほかのひとの失敗談を自分事にして、自分の頭でちゃんと考えられるようになるための方法について紹介してきました。

しかし、もし取り返しのつかないほど深刻ではなく、あとでリカバーできる程度であれば、実際に失敗した方がより自分事となり、より高い確率で、自分の頭でちゃんと考えられるようになります。

ひとが何か未知なるものにチャレンジするとき、そこには必ず「失敗」の可能性が待ち受けています。それは学校の勉強にかぎらず、社会に出てからの仕事の際にも、プライベートな活動においても、どんな世界でも共通して言えることです。

苦労して準備した文化祭のイベントにお客さんが集まらなかったり、きちんと考えて立てた計画通りに勉強が進まなかったり、食べられないほどまずい料理を作ってしまったりするのも、「目的を持った行動の結果として生じる失敗」の一つと言えます。

そんな失敗をやらかしてしまった直後に「辛い」「苦しい」「悔しい」「悲しい」などという気持ちになったら、ラッキーだと思ってください。

それは、失敗した経験がそのひとの記憶にしっかりと根付いた瞬間だからです。言い換えれば、新しい知識を受け入れる素地ができた瞬間だからです。

この「受け入れる素地」ができたひとは、できなかったひとより何十倍も知識を吸収できるようになります。

この「受け入れる素地」が「失敗をバネにする」というときの「バネ」にあたるものです。さらに、「受け入れる素地」のできたひとが吸収できる知識とは、現実の世界で直面したさまざまな問題にも対処できる「体験的知識」なのです。

自分自身で体験することで得られる知識に勝るものはありません。その「体験的知識」の大切さに初めて気付いたのも、私自身の実体験からでした。

私が「体験」の大切さを初めて実感したのは、大学院の修士課程を修了して、日立製作所に入ったときのことでした。

現場で体験することの大切さを実感

当時、工学部の機械科で設計や開発について学んでいた私は「動き回る機械がつくりたい」と思っていました。ですので、就職先として、自動車会社にするか、建設機械の製造販売会社にするか、迷いました。結局、ダイナミックな動きをする建設機械の方に強く興味をひかれて、日立製作所に決めました。

入社するとすぐ、仕事には厳しいけれど面倒見のいい上司の工場長が「勉強させてやる」と言って、現場の工員と全く同じ仕事をやるように命じました。ゆくゆくは設計の仕事がしたくて日立製作所を選んだ私にとって、設計から先のプロセスを体験できる貴重な機会となりました。

私は、旋盤工、溶接工、組み立て仕事など、現場の仕事に従事しました。試作車の耐久性を確認するための試運転の仕事も経験しました。真冬の河原で、二人一組の三交代で試作車に乗り、一晩四時間の試運転を三五日間、休みなしで続けました。

この現場勤務によって、私は「体験すること」の大切さに気付かされました。

現場で毎日、機械が動く音を聞いているうちに、次第に音だけでその日の機械の調子がいいか、悪いか、わかるようになりました。さらに経験を積めば、動いているときの音を聞くだけで、その機械のどこが悪いのか、原因は何か、どうすれば解決できるのかまでわかるようにもなるのです。

また、さまざまな現場の仕事を体験することで、きちんと設計したはずの機械がなぜ現場でトラブルを起こすのか、また、トラブルや事故（失敗）が起こったときにはどう対処すれば良いのかなどについて、実際に体験しながら学ぶことができました。

私は現場で働きながら、機械の開発者にとって、教科書や映像資料などで勉強するだけでなく、実際に機械に触れながら学ぶことの大切さを思い知らされました。

会社に入り、現場勤務の一年が経ったとき、上司の工場長が言いました。

「現場での勉強はもういいだろう。今度は、何がやりたい？」

「設計の仕事がやりたいです」と答えると、工場長はすぐ、私の希望通りに配属してくれました。

工場長は、工業高校を出たばかりの新入社員と若くて有能な経験者を私の部下につけてくれました。それから、当時の会社が開発目標に掲げていたテーマのなかから一つ選んで、「好きなようにやれ」と言いました。そのおかげで、私は試行錯誤をくり返しながらも、自由に設計・開発の仕事に励むことができました。

このとき、機械の実物に触れ、実際に動かした経験があるかどうかで、知識を吸収するための素地が全く異なることを実感できました。旋盤、溶接、組み立てなどの仕事で体験しながら頭に入れた知識が、設計や開発においても有効に使える知識、言い換えれば「体験的知識」にどんどん変換されていったのです。

結局、一年後、大学に戻ることになったのですが、大学院を修了して社会に出て、一年間、現場で働き、次の一年間、設計・開発の仕事に携われた貴重な体験は、その後の私の人生にとって大きな糧となりました。

このように、私が社会人となってすぐに実感できた「体験的知識の大切さ」を教育の現場で伝えている事例もあります。

工学部機械科で恒例となっている「産業実習」のなかでも特に人気の高い「建設機械をいじる」という体験学習です。

建設重機を操縦し分解して組み立てる

「建設機械をいじる」は、日立建機と小松製作所の協力を得て行われます。

学生たちは二週間、両社の研修所で泊まり込み、重機の実物に触れるのです。

しっかりと安全教育を受けたあと、学生たちは重機を運転させてもらいます。大学で勉強しているときは、触れたくても触れられず、ましてや運転なんてできないと思っていたブルドーザーやパワーショベルを自分の手で操縦することは、学生たちにとって感動的な体験です。

実際にさまざまな動きや機能を試したら、動かしていた重機をその場で分解します。それが終わったら、今度は分解した部品を組み立て、もとのブルドーザーやパワーショベルに戻すのです。

しかし、ほとんどの学生が重機に触るのは初めてですから、組み立ての際、ある小さな部品をつけ忘れたり、たった一つのギア（歯車）の表と裏を間違えて嵌《は》め込んでしまったりと、小さなミスをするだけで、機械は動かなくなり、重機をもとのようには動かせなくなります。

自分で重機を動かして、分解して、組み立てて、さっきまで動いていた重機が動かなくなるという失敗を経験した学生は、教室で行われている単なる知識の詰め込みの授業とは全く違う体験的知識をしっかり身につけることができるのです。

この話からもわかるように、まずは行動して体験することが大切です。

自分で判断して行動したとき、その判断で抜けていた部分が「事故（失敗）」というかたちで現れます。その「事故（失敗）」と真正面から向き合うことで、果たして自分はちゃんと考えていたのか、確かめるチャンスを得られるのです。

失敗を恐れてチャレンジしないと、成長や進歩を拒否していることになります。あなた自身が成長しなくなるのです。せっかく生まれてきたのに、成長しないでいいのでしょうか。命にかかわるとか、一生治らない傷を負うとか、そんな失敗は避けなければなりませんが、回復可能なダメージしかないようであれば、失敗を恐れず、チャレンジするべきです。

ただし、ここで注意すべきことがあります。

失敗から得られるものが大きいからと言って、「とにかく失敗した方がいい」というわけではないということです。

6　ダメージを最小限に抑える「仮想失敗体験」

安全教育で活かされる仮想失敗体験

毎回のチャレンジでいつも失敗ばかり続けていたら、時間もかかりますし、周囲のひとたちからの信頼も失うでしょう。たとえ小さな失敗でも、やがて取り返しのつかないほどの大きな失敗につながらないともかぎりません。

失敗を恐れてチャレンジしないのは間違いですが、やはり失敗は最小限に抑えることが基本になります。

では、実際に起こる失敗を最小限に抑えるには、どうすればよいのでしょうか。

私がお勧めする方法は「仮想失敗体験」です。

仮想失敗体験と聞くと、なんだかとても難しい話のように思われるかもしれません。しかし、実は、この仮想失敗体験は、ふだんから誰もが知らないうちに自然と行っているものなのです。

前に紹介した「大学の工学部の研究室で、失敗を自分事にして、同じ失敗を繰り返させないために「フッ酸事故」や「リン青銅圧縮実験事故」について語り継いでいる」という話が、まさに仮想失敗体験を活用した事例です。

たとえば研究室に配属された直後、学生たちはまず安全教育を受けます。そのとき、「フッ酸事故」の話を聞いた学生たちは、この仮想失敗体験を行っているのです。

先にも書きましたが、ある学生が薬品手袋もつけず、素手でフッ酸を扱っていたとき、誤って触れた指が溶け始めました。それから二カ月間、学生は治療のため、指先の爪と肉の間に針を刺すカルシウム注射を続けなければなりませんでした。

ガイダンスでこの話を聞いているとき、学生たちは他人の失敗の話であるにもかかわらず、まるで自分が体験しているかのように、爪の間に注射される苦痛を想像して、顔をしかめるのです。

これが仮想失敗体験です。

ガイダンスでフッ酸事故の話をするようになってから以降、薬品手袋をはめずに素手でフッ酸を扱うような学生は一人もいなくなったことからも、この仮想失敗体験で得られた知識が、実際に体験して得られた体験的知識と同じくらい記憶に刻み込まれ、しっかりと根付いたことがわかります。

たとえ実際には自分が体験していない「他人の体験」であっても、そのときの痛みや辛さをリアルに感じて仮想失敗体験すれば、その失敗を自分事として捉えて、実際に体験したときと同等の効果が得られるのです。

仮想失敗体験が「真の理解」を生む

このとき、仮想失敗体験の効果をよりアップさせてくれるのが「そのひとがそれまでに積み上げてきた小さな失敗体験」です。

「小さな失敗」とは、ダメージが少なく簡単にリカバーできる程度の失敗です。たとえば「爪の間にトゲが刺さってしまった」などが小さい失敗です。そのときに痛い思いをした経験がある学生なら、ガイダンスでフッ酸事故の治療の話を聞いたとき、トゲの刺さった経験のない学生よりも、よりリアルに痛みを想像することができるので、より強い仮想失敗体験が得られることになります。

つまり、小さな失敗の経験をたくさん持っていればいるほど、仮想失敗体験の効果を大きくすることができるわけです。

教科書や参考資料などで失敗事例を勉強するときも、そこに書かれている内容を単に読んで理解するだけではなく、頭のなかで具体的に想像しながら、しっかりと疑似体験（シミュレーション）する――この仮想失敗体験によって、現実のダメージは受けないま

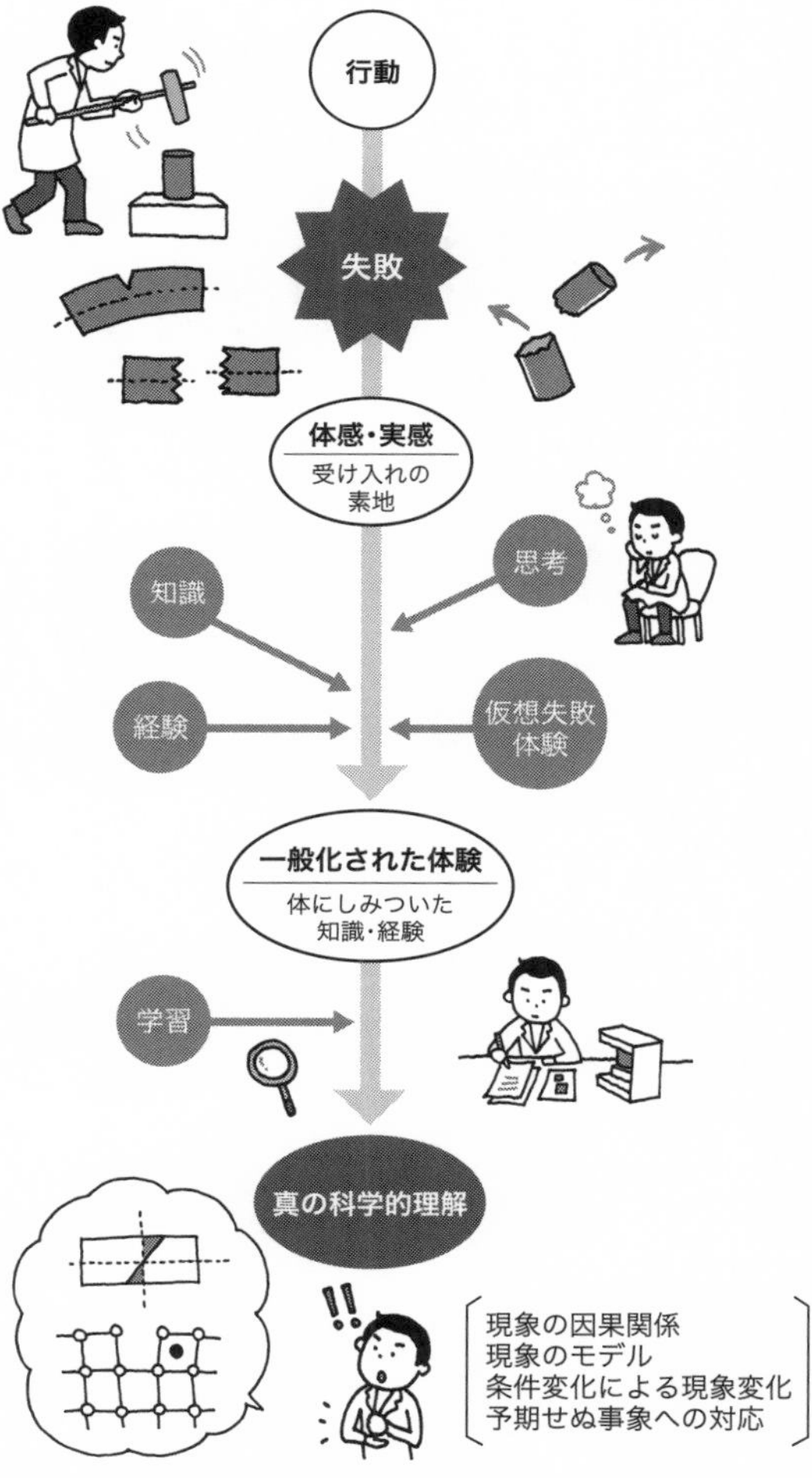

図4　真の科学的理解のためには、さまざまな失敗の知識を学習し吸収することが大切

ま、失敗事例を自らの体験的知識として習得するのが「失敗」との上手な付き合い方なのです。

自分が失敗した実体験だけでなく、他人の失敗の情報も仮想失敗体験として吸収しながら、さまざまな知識を次々と学習し吸収していくと、最終的には「真の科学的理解」へと至ります（図4）。

真の理解は「数学の方程式が解けるようになる」とか「ひたすら法則を暗記する」というものではありません。真の理解とは「ある現象の因果関係がきちんと理解できる」ということであり、「蓄えた知識を自由に使いこなせる状態」を意味しています。

真の理解に至ったひとの頭の中には、さまざまな現象のモデルができあがっているので、たとえ条件の変化によって現象が変わり、予期せぬ出来事が起こったとしても、きちんと対応することができます。

それだけではなく、そこから新しい課題さえも設定できるのです。

失敗は体験的知識を得るチャンス

この章では、失敗を他人事にする傾向が「自分の頭で考えようとしない日本のモノマネ文化」を助長してきた経緯、自分でちゃんと考えないといつか取り返しのつかない深刻な失敗につながってしまう具体的な事例、それを避けるためには体験的知識を蓄積できるかが重要で、その体験的知識は体験学習や失敗から学べることなどについて解説してきました。

言い換えれば、数々の失敗から多くの体験的知識を学んでいなければ、大きな失敗が起きる可能性を下げることはできないのです。

ありうることは起こります。どんな失敗も、完全に防ぐことなどできません。誰でも必ず失敗はするものです。

そうであれば、失敗するたび、そこから体験的知識を得ながら、「自分で考える力」を身につけて、大きな失敗が起こる可能性を低くするしかありません。それでも大失敗してしまったときは、ダメージを最小限にとどめるために、体験的知識と「自分で考える力」をフル稼働して、最善の対応策を打てばよいのです。

失敗からどれだけ体験的知識と「自分で考える力」を得ることができるかで、大きな失敗によって受けたダメージから回復できるかどうかが決まるのです。

人間とは弱い生き物です。

自分が失敗したときは「できれば直視したくない」と考えて、まるで他人事のように「早く忘れてしまおう」と努めます。一方、他人が失敗したときは、それこそ他人事として、自分でちゃんと調べたり考えたりせず、ただ他人の無責任な発言に乗っかって批判や誹謗中傷することで憂さを晴らすひともいます。

いくら「失敗」に対して強いマイナスのイメージを持っているからと言って、「そんなことしていたら、もったいない！」と思います。

なぜなら、自分が失敗したときはもちろん、誰かが失敗したときこそ貴重なチャンスで、その失敗についてちゃんと自分の頭で考えて、そこからきちんと学ぶことができれば体験的知識を得て成長できるからです。

逆に、自らの失敗から目を背けて隠そうとすると、次の失敗、さらに大きな失敗の原因につながって、より深刻なダメージを受ける結果にもつながりかねません。

近い将来に大きな失敗が起こる可能性を減らすために、また、起こってしまった失敗のダメージを最小限に抑えるためには「失敗」との「付き合い方」を変えていく必要があります。

いまの時代を生き抜くうえで最も重要なことは「失敗と上手に付き合っていくこと」です。

その方法を客観（科学）的なアプローチによって考察・研究し、「失敗」との最善の付き合い方を見つけ出すための哲学が「失敗学」です。

次の章では「失敗学」に基づいて、失敗の本質に迫り、失敗から学ぶためのノウハウや、大きな失敗が起きるリスクを減らす方法などについて検証します。

第三章　失敗と上手に付き合う

1　「失敗」を定義する

そもそも「失敗」とは？

ここまで、さまざまな失敗の話をしてきましたが、そもそも「失敗」とは、どういうものなのでしょうか。

辞書やネットで調べてみると、「やってみたが、うまくいかないこと」「まちがうこと」「しそこなうこと」「とちること」「やりそこない」「しくじり」「やらかし」など、いろいろな表現が見られます。日常会話などで「失敗」という言葉を使うのであれば、これらの意味でわかっていれば十分でしょう。

しかし、「失敗」について科学的な視点から考察しようとするのであれば、その特性がより明確に理解できるように、はっきりした定義をしておくべきでしょう。

この本で論じる「失敗」を厳密に定義するならば、「人間が関わって行われた行為が、最初に定めた目的を達成することができないこと」です。言い方を変えれば、「人間が、ある一つの行為を行ったとき、望ましくないことや、予期しなかった結果が生じること」です。これらの定義においては「人間が関わっていること」と「望ましくない、予期せぬ結果」という点がポイントになります。

私たちが普段から経験している「失敗」は、小さなものから大きなもの、すぐに回復できる些細《ささい》なものから二度と取り返しのつかない深刻なもの、すぐに忘れ去られてしまうものから一生ついて回るものまで、実にさまざまなタイプがあり、まさしく多種多様です。

私のような設計に携わる者であれば、知識や経験の不足、不注意などから、当初想定していた目的を果たさないような機械を作ってしまったら失敗です。それまで順調に進んでいた会議中、たった一言の失言で大事な商談をご破産にしてしまうのも失敗ですし、商品の企画や販売の計画をうまく立てられず、結果、商品の売れ行きが悪くなるのも失敗です。

学生のみなさんも、言葉の選び方が雑で友達を怒らせてしまったり、勉強の仕方を間違えて、テストがとんでもなく悪い点数になったり、親が大切にしていた物をうっかり壊してしまったり、いろいろな失敗に囲まれて暮らしていると思います。傘を持たずに家を出たら、午後から雨に降られてびしょ濡《ぬ》れになったり、インスタントラーメンにちょっとだけコショウを振ろうとしたら、思いのほかいっぺんにたくさん出て、まずくて食べられなくなったなど、周囲の人たちに迷惑や被害を与えるようなものではなく、しばらく経ったらすっかり忘れてしまい、記憶に残らないような失敗も、至る所で起こっています。

人間が関わった望ましくない予期せぬ結果

一方で、初めは何気ないミスや些細な不注意といった小さな失敗だったのに、その失敗が新たな失敗を呼び、またその失敗が原因で次の失敗を起こし、やがて、ニュースになるほどの死亡事故や大惨事を招くケースもあります。

世間を騒がせるような大災害も、もとをたどればケアレスミスのように取るに足らない小さな失敗が原因だったという話も少なくありません。前の章で紹介した「福島第一原発事故では、非常用ディーゼル発電機が発電所の地下一階にあったため、津波による浸水で動かなくなり、被害をより甚大なものにしてしまった」という話も、その一例と言えるでしょう。

大災害の中には、人間が直接関わるような「事故」ではなく、地震や津波、火山の噴火、台風などの自然現象によって引き起こされるものもたくさんあります。これらの自然災害は、人間の力では防ぎようもないほどの規模と破壊力を持っていますので、「望ましくない、予期せぬ結果」になったからといって「失敗」とは言えません。

ただし、受けた被害の根本的な原因に人間が関わっていなかった場合でも、中には「失敗」と呼ぶべき類のものがあります。

ニュースなどで耳にしたことがあると思いますが、自然災害によって大きなダメージをもたらされたケースで「人災」と呼ばれることがあります。例えば、大雨が降って堤防が決壊し、多くの人家が流されてしまったとき、その堤防の設計に失敗があって決壊したのであれば、それは設計者のミス（失敗）が原因で決壊したと考えられるので「人災」とされます。また、耐震設計が正しければ倒れるはずのない震度の地震で建築物が倒壊すれば、それもまた設計者あるいは建築業者の何らかの失敗が疑われるので、これも「人災」と言えます。自然災害に対して、人間の作ったものが本来の役に立たなかった場合は、やはり「失敗」と考えるべきです。

以上のように、ある程度は例外的なものもありますが、基本的には「人間が関わっていること」と「望ましくない、予期せぬ結果」という二点をポイントとして「失敗」を定義づけることにします。

このように定義づけられた「失敗」について、真っ直ぐに対峙《たいじ》して、科学的なアプローチで研究・分析することで、上手に付き合っていく方法を学び身につけることが「失敗学」の重要な課題となります。

しかし、残念ながら「失敗」というのは、とかく〝隠されがち〟なものです。大半の人は自分の失敗からなんとかして目を背けようとしますし、どんなに些細な失敗ですら、できるかぎり避けようとします。

私は、この「失敗を過度に避けようとする傾向」が問題だと思っています。
たとえば、子どもたちに「ナイフの使い方」を教える授業がなくなった例で考えてみましょう。

失敗のチャンスを取りあげられた子どもたち

私が子どもだった時代、竹や木で細工した玩具を作るため、ナイフは必需品でした。ほとんどの子どもたちが、ナイフを上手に使っていました。ところが、いつの間にか「ナイフを使って、指など切って怪我《けが》したらたいへんだから」と、だんだんナイフを使った授業は減っていき、現在は家でも学校でも、子どもたちがナイフを使う機会がほとんどなくなってしまいました。

結果、子どもたちがナイフで手を切る事故もなくなり、一見、安全な生活が保証されたようにみえます。

しかし、裏を返せば、今の子どもたちには「ナイフで手を切るという小さな失敗を経験する機会」がなくなってしまったのです。そして、ナイフで手を切ったことのない子どもは、その痛みも、傷が後からどうなるかも知らないので、実際にナイフがどれほど危険なものなのか、知らないまま成長してしまいます。すると、いざナイフを使わなければならなくなったとき、ちゃんと使いこなせないばかりか、失敗して大きな怪我を負うことになるかもしれません。ナイフで切った痛みを知らないことで、他人をナイフで切ったり刺したりしたときの痛みも想像できなければ、痛みを知っている人よりは、安易にナイフを他人に向けることにもつながりかねません。

つまり、子どもの頃にナイフに触れる機会を失ったことで、後に大きな失敗を起こす可能性が高まるのです。

小さな失敗が起こるリスクを徹底的に排除し続けることは、将来に起こりうる大きな失敗の可能性を高めてしまうことになるのです。

現在主流となっている「これは成功、それは失敗」「こっちはオーケー、あっちはダメ」という○×式の教育方法では、表面的な知識しか学べません。そこに欠落している「真の理解」がないままだと、決して応用力を身につけることはできません。〝ムダ〟を省いた合理的な教育や勉強法は、効率的な学習を実現しやすいですが、それはあくまでも暗記を中心とした表面的知識の蓄積であって、体験的知識に基づいた「自分で考える力」の養成には役立たないのです。そのような現代の教育方法の弱点についても、きちんと考えなければなりません。

あえて必要と思われる失敗を体験させることで、子どもたちは自分自身でその失敗から体験的知識を学び、判断力や応用力を獲得するのです。

そう考えると、やはり実感を伴った体験学習が重要になります。失敗を恐れない気持ちを育み、失敗体験を積極的に活用する教育が今こそ必要なのです。せめて他人の失敗経験を伝えるだけでも意義があります。

しかし、現実は逆でした。

「解答を最短で出す効率的な教育方法」の間違い

失敗には「回り道」「不必要」「できれば避けたいもの」「隠すべきもの」「忌み嫌うべきもの」「他人には何としても知られたくないもの」などというマイナスのイメージしかありません。たった一度、ついやらかしてしまっただけで、その失敗の記録はいつまでもインターネット上に残ってしまう。大きな失敗でもしたものなら、あっという間に拡散して、匿名の見知らぬひとたちから誹謗《ひぼう》中傷され、袋叩《だた》きにされかねない現代においては、なおさら、失敗は敬遠すべき存在となっています。

実は、かつて私も「ある問題に対して決まった解答を最短で導き出すための正しいやり方」だけで、大学の授業で学生たちに指導していました。当時は「できるだけ早く正解に到達できる効率的な方法を教えることが大切だ」と考えていました。

しかし、そのやり方で教えられた学生たちが得たものは、表面的な知識に過ぎませんでした。彼らはパターン化された既存の問題や課題に対してはきちんと対応できました。しかし、見本や手本のない新しいものを自分たちで考えて作るようにと指導すると、表面的知識は全く役に立たず、誰も対応することができませんでした。

それどころか、「自分たちはどんな新しいものを作り出せばいいのか」という第一歩目の課題設定ですら、自分の頭では考えられない学生が少なくなかったのです。

この深刻な状況に気づいた私は、何とかこの問題を解消しようと、いろいろな指導方法を試しながら、最も効果的な教え方を模索しました。そのプロセスの中で、私は「予期しないことが起きて、思い通りにならないことを体験すると、誰もが真の理解の大切さを痛感する」ということに思い至りました。

それ以降、私は授業であえて学生たちに失敗体験させるように心がけたのです。

2 失敗で体験的知識を身につける

見本（答え）のないものを作る授業

失敗を経験し、体験的知識を学ぶことは、学生が大きく成功する貴重な機会です。そこで、私が教鞭《きょうべん》をとっていた東京大学工学部機械科の授業では、できるだけ学生たちが失敗できる授業内容を組んでいました。その一つが、学生を四人一組のグループに分けて、決められた予算内で、自由にシステムを設計・製作させる体験学習でした。

この授業を有意義な体験学習にするためのコツは、あえて細かい課題設定を行わないようにすることです。

例えば「コンピューターでコントロールして、何かの動作をさせるシステム」という課題を与えたとしましょう。その時、どんな動作をさせるのか、部品には何を使うのかなどについて、教官からは何も指示しないのです。そうなると、それぞれのグループが自分たちで決めなければならないので、学生たちは自分の頭で必死に考えながら、自分たちはどんな課題でシステムを設計するのか、そこから考え始めなければならないのです。

システムの課題が決まり、どんな動きをさせるか、具体的なアイデアが浮かぶと、学生たちは予算の三〇〇〇円を持って、当時日本一の電気街だった秋葉原を歩き回って、自分たちが作る機械に必要な部品を探して、購入していきます。

テーマが決まり、部品が揃《そろ》うと、いよいよ設計と製作の作業をスタートさせ、決められた期限までに「設定した課題に沿ってシステムを動かす」というゴールを目指して、ひたすら努力を続けます。ここまでの過程においても、「一度決めた課題の欠点に気づいて設定し直す」「部品が見つからない」「買ってきた部品が間違っていた」など、いくつもの失敗が起こります。その失敗をリカバーするたび、学生たちには体験的知識が蓄積されるのです。

このグループ学習では、アルコールランプから出る熱を利用して動く「スターリングエンジン」というハードウエアを作らせたこともありました。熱機関によって何をどういうふうに動かすかは、学生たちの自由な発想に任せました。この授業でも、学生たちはまず自分たちで課題の設定と設計を行ってから、与えられた予算を持って、今度は東急ハンズあたりを探索して回りました。それぞれが自分たちでグループごとに決めた課題を解決するべく、お互いに知恵を出し合って、スターリングエンジンを動力とするハードウエアを作り上げていきました。

こうして体験学習の授業で作ったものは、演習の授業のとき、グループごとに作り上げた成果物の発表会を行います。

発表会とは言っても、自分たちがもともと設定していた通りにシステムは動かず、当初の設定通りにスターリングエンジンで動くハードウエアを完成していないケースが大半でした。何とか動く程度の成果を上げるグループがあればいい方で、ほとんどのグループは、どんなに頑張っても全く動かないという状態でした。

つまり、プロセスだけでなく、結果においても、失敗したものばかりだったのです。

その結果こそ、こちらの狙い通りでもありました。

体験的知識は自分で体感しなければ学習できない

もし、授業の最初に課題の設定の手本や完成品の見本となるサンプルを提示して真似してもいいとなれば、学生たちのレベルを考えると、とても簡単に課題をクリアしてしまったと思います。現在、多くの教育現場で実践されている「成功まで最短かつ効率よく到達する方法の指導」という従来型の学習方法は、この「最初に手本や見本を提示する」というスタイルと同じです。

しかし、この合理的な指導方法で暗記した表面的な知識は、いざ真似できる手本や見本のサンプルがない場面に来て、それでも何とか状況を打開しなければならないときは、全く役に立ちません。

ゼロから何かを作り出すということは、表面的知識が通用するほど簡単なことではありません。だからこそ、体験学習で得たいくつもの失敗は、学生たちにとって、とても貴重で有意義な体験になります。自分でちゃんと考えて、危機的状況を回避したり、大きな失敗の起こる可能性を下げたりするときに必要な体験的知識は、自分自身で体感しなければ学習できないのです。

この体験授業で失敗を経験した学生たちは「どうして自分たちが設計したシステムは機能しなかったのか」「なぜ自分たちが製作したスターリングエンジンのハードウエアはピクリとも動かなかったのだろう」など、失敗した原因を真正面から見つめ、自分の頭で真剣に考えたうえで、熱い議論をくり広げます。

そこにグループ体験学習の一番の狙いがあります。

積み重ねた失敗経験から、機械の設計・製作に必要不可欠な知識やノウハウを学びとりながら、体験的知識を身につけていくプロセス自体を学生たちは実感できるのです。

真に役立つ体験的知識を身につける

この体験学習での指導を通じて、私は「失敗することを否定的に捉えてはいけない」と確信しました。教育現場で最も重要なのは、正しい知識を学生たちに伝えるだけではなく、さまざまなことにチャレンジして、失敗を体感・体験することで、本当に役立つ体験的知識を身につけさせることなのです。

未体験の新しいことにチャレンジさせて、失敗した経験から多くを学ばせるか。あるいは、失敗したときに感じる強い挫折感を避けて通らせるためにも、手本を見せて正解への最短距離を進むように指導するか。そのいずれの指導方法をとるかによって、その後の学生の成長には大きな差が出ることを、私は長年の指導経験を通して知ったのです。

体験と失敗を重視した学習方法は、学生たちが受験のために必死にやってきた勉強とは全く違います。受験勉強では、与えられた問題の解答に最短距離で到達するための合理的な学習が求められます。しかし、この方法では、通りいっぺんの表面的な知識は増えますが、本当の意味で〝使える知識〟は身につきません。

一方、最初のうちはあえて失敗するような学習方法では、安全を担保した状態で、学生に挫折の経験を与えられます。すると、その挫折から立ち直るとき、学生は体験的知識を獲得します。もうダメだと思うような挫折からの復活を経験した学生は、その後、未知の危機的状況に追い込まれても、挫折することに対して過剰な恐怖心を抱くことなく、自分の頭で考え、応用力を発揮して、的確に対処できるようになるのです。

確かに「失敗」は当事者や周囲の人間にダメージやマイナスの結果をもたらします。しかし、その反面、失敗した経験をうまく活《い》かすことができれば、将来に向けて大きなプラスに変えることもできるのです。

創造的に生きるための「失敗学」

大学で機械工学を教えていた頃、私は講義で学生を指導しながら、本当に役立つ知識を効果的に身につけさせるためには、「失敗」の経験から積極的に学ぶことが非常に重要だと考えるようになりました。私自身も、失敗することを恥だとは考えずに、真正面から受け止めることで、自分の成長につなげていました。

当時は、その考え方を学生たちへの指導だけに活用していましたが、そのうち、社会の至るところで起こっている数々の失敗にも注目して、その原因や経緯などについても分析するようになりました。やがて、世の中で頻繁に起こっている失敗や事故に関しても、個人の失敗と同様、しっかりと向き合ってちゃんと考えることで、その失敗体験を体験的知識に昇華させなければ、その後も同じ失敗や事故をくり返しかねないことに気づきました。また、そこから得られた体験的知識は、新たに創造的なアイデアを生み出す素材や原動力になることも発見しました。

それらのエッセンスをまとめたのが「失敗学」です。

失敗学では、失敗を否定的には捉えません。どんなに失敗をマイナスなものとして敬遠しても「絶対に失敗しない」ということはあり得ないのです。必ず起こるものなのであれば、むしろ、失敗のプラスの面に着目して有効活用しようというのが、失敗学における基本的なスタンスです。

失敗の特性を深く理解すれば、同じような失敗をくり返さないようにしながら、自分の成長に役立つ体験的知識を得ることができます。

言い換えれば、マイナスだと思われている失敗から目を逸《そ》らさず、きちんと対峙することで、失敗を創造的（クリエイティブ）に生きるための糧にすることが、失敗学の目標の一つなのです。

失敗に対して、どんな姿勢で臨むかは、ひとそれぞれです。

なかには「どんな失敗も絶対にしたくない！」と慎重になり過ぎて、自分からは何一つアクションを起こさないひともいるでしょう。そんなひとは、確かに失敗を避けられる可能性を高めることはできるかもしれませんが、その代わり、本当はやりたいと思っていることもできませんし、毎日、時間ばかりが虚《むな》しく過ぎて、新たな出会いも、達成感も、自身の成長も、何も得ることはできません。

反対に「失敗なんて全然怖くない！」と大胆になりすぎて、猪突《ちょとつ》猛進してしまうひともいるでしょう。そんなひとが危険もかえりみずに無茶ばかりしていたら、まわりのひとたちも巻き込まれ、迷惑をこうむることになります。そのひとはどんなに失敗しても反省することがないので、いくら失敗しても成長できません。そればかりか、失敗から得た知識や経験を活かせないので、失敗を重ねるうちに、失敗のスケールがだんだんと大きくなり、深刻さも増していき、やがては、命に関わるような取り返しのつかない失敗を起こしてしまう可能性が高くなってしまうのです。

大切なのは失敗と上手に付き合うこと

失敗は、怖がり過ぎてもダメ、怖がらなさ過ぎてもダメ。

大切なのは、失敗と上手に付き合う方法を見つけることです。人は、生きているかぎり、必ずいくつかは失敗しますし、事故を起こすこともあるでしょう。

あり得ることは起こります。どうしても起きてしまう「失敗」との付き合い方が上手なひとは、新しいことに果敢にチャレンジして、大きく飛躍するチャンスをつかむことができます。たとえそのチャレンジで失敗したとしても、数々の失敗と上手に付き合いながら積み重ねてきた体験的知識を生かして、どんな挫折も乗り越え、さらに成長して、次のチャンスに備えることができます。

逆に失敗との付き合い方が下手なひとは、失敗するかもしれないリスクをひたすら避けるので、同時に成功するチャンスも逃してしまいます。また、失敗した経験からしか学べない体験的知識も身につけられないため、取り返しのつかない失敗が起こる可能性を低くもできず、実際に大きな失敗が起きてしまったときには、リカバーして回復する方法もわからず、大きなダメージを受けることになります。

では、失敗と上手に付き合うためには、どうすればいいのでしょうか。

予想できる失敗についての知識を蓄えて、常にその知識を念頭に置いて行動すれば、不必要な失敗を回避できる可能性は高まります。失敗が致命的なものになる前の段階で、その失敗の原因や特性を知れば、有効な対応策を考えて、的確な対応が取れるので、失敗が大きくなることを未然に防げます。

ですから、失敗と上手に付き合う上で大切なのは、失敗の種類や特徴を整理し、失敗が起こる原因を分析し、失敗が持つ法則性を理解することです。

それらを誰もが理解できるように、論理的（科学的）な視座からのアプローチによって実行するのが「失敗学」です。

まずは「失敗の種類」についての解説から始めましょう。

3 「失敗」にはいろんな種類がある

「よい失敗」と「悪い失敗」とは？

世の中の失敗は二つのタイプに分かれると私は考えます。

「許される失敗」と「許されない失敗」です。

もっと簡単に言うなら「よい失敗」と「悪い失敗」です。

まずは「よい失敗」について説明します。

「よい失敗」とは「個人が未知なるものに遭遇して起きた失敗」です。個人が無知であったり、あるいは、何かミスして起きるタイプの失敗です。この手の失敗をしたひとは、なんらかの批判やペナルティを受けることになります。その失敗で、ある程度、まわりのひとに迷惑をかけてしまったのであれば、叱られるくらいは仕方ないかもしれません。しかし、あまり責め立てたりするのは避けるべきです。

なぜなら、その「未知なるものとの遭遇による失敗」は、そのひとが成長する過程において、必ず通過しなければならないものだからです。

失敗なしに人間は成長しません。ひとは失敗して成長し、また小さな失敗を体験して、その分、成長していくというくり返しのなかで、一つひとつの失敗経験から体験的知識を得ることで、次の大きな失敗を起こさないために、徐々に軌道修正していくからです。

さらには、その失敗経験を将来の成功へと転化することもあるからです。

成長するには「よい失敗」が必要

失敗と成長・発展の関係は、生物学の「系統発生と個体発生の仕組み」の原理に似ています。

私たちはどのようなプロセスを経て「人類」へと進化したのか、みなさんも学校の理科の時間に習ったと思います。系統発生で考えると、およそ一〇億年前、地球に初めて動物や植物の祖先となる多細胞生物が登場し、約四億六〇〇〇万年前に魚類が登場、その一部が両生類となり、そこから哺乳類が進化して、人類が誕生しました。

一方、私たちは母親の体内で受精卵から赤ちゃんにまで成長しますが、この個体発生においても、やはり系統発生と同様に、受精卵は細胞分裂をくり返して、最初は魚類、次は両生類というプロセスを経て、最後に「人間」の姿となります。

つまり、人類が誕生するまでの系統発生の一〇億年のプロセスが、赤ちゃんが誕生するまでの個体発生の一年足らずのプロセスとして、母親の体内で、再びくり返されているのです。

私は、人類が母親の体内で「魚類→両生類→哺乳類」という進化のプロセスをたどって生まれてくることと、人間が失敗から知識を得ながら成長していくプロセスに共通するものを感じます。

人類はこれまで、その長い歴史のなかで、さまざまな失敗を経験してきました。その失敗の数々が人類を進化させ、文明を発展させて、現在の私たちの世界につながっています。それは、一人の人間が成長するときも例外ではなく、人類がたどった歴史と同じく、数々の失敗を体験してこそ、初めて成長できるのではないかと思うのです。

この「ひとが成長するうえで、必ず必要となる失敗」が「よい失敗」なのです。

ですから、成長したいと望むひとは、積極的に「よい失敗」を経験するべきです。

「悪い失敗」はできるかぎり避ける

では、「悪い失敗」とはどのようなものでしょうか。

極端に言えば「「よい失敗」に含まれないすべての失敗」が「悪い失敗」と言えます。

具体的には「単なる不注意や判断ミスで起こり、そこからは何も学ぶことができず、何度もくり返されてしまうような失敗」です。たとえ他人には迷惑をかけないものであったとしても「悪い失敗」です。失敗したひとにとって意味がなく、反省もされないので、習慣的にくり返され、やがて大きな失敗につながるリスクがあるからです。

逆に、失敗したひとにとって意味があり、成長を促すきっかけになったとしても、周囲の人間に悪影響を及ぼすような失敗は「悪い失敗」です。

一人の人間が成長するために他人が甚大なダメージを受けてもいいはずがありません。その失敗によって得られるメリットとデメリットを比べたとき、圧倒的にデメリットの方が多ければ「悪い失敗」なのです。

失敗から体験知識を得ようとすれば、一つひとつの失敗が取り返しのつかないほど大きな失敗につながらないよう気をつけながら、ダメージをリカバーできる程度の「よい失敗」の経験を積み重ねていく必要があります。

もし、それが「悪い失敗」であれば、いくら経験しても、個人として成長することはできません。

ただし、そこには一つ、課題があります。仕事中や日常の生活で起きている大小さまざまな失敗のなかでも、経験したときにそこから体験的知識を得られるような「よい失敗」は、決して多くないということです。

ただ、この課題を解決する方法はあります。自分自身の「よい失敗」だけでなく、他人の「よい失敗」からも体験的知識を得られるようになればいいのです。

そのためには、「自分自身が「よい失敗」をした」という数少ないチャンスが到来したとき、その貴重な経験から体験的知識を得るために有効な取り組みを実践することで、失敗の本質を理解して、より確実に「よい失敗」から体験的知識を身につけていく経験の積み重ねが必要になります。

そのような経験を積み重ねていけば、自分が起こした「よい失敗」だけでなく、他人の「よい失敗」からも効率的に体験的知識を学びとれるようになります。

結果、たとえ自分自身で「よい失敗」を経験する機会が少なくても、資料として記録されている他人の典型的な「よい失敗」の原因を分析することで、そこから体験的知識を学び、自身の成長につなげられるようになるのです。

では、失敗の本質を理解するために役立つ「よい失敗から体験的知識を得るための有効な取り組み」とは、どのようなものでしょうか。

ここでは「逆演算による失敗の因果関係の解明」「失敗の原因の分類」「六項目による失敗の記録」の三つの手法について紹介しましょう。

4　失敗の原因を解明する「逆演算」

順演算では失敗の原因がわからない

自ら経験した貴重な「よい失敗」の本質を知るために、最初に取り組みたいのが「失敗の因果関係の解明」です。「因果関係の解明」とは、失敗のおおもとの原因は何で、その原因がどのような理由からどんなプロセスを経て変化して、最終的に「失敗」という結果を起こすに至ったのか、それぞれの関係をひもとくことです。

この解明に有効な手法が「逆演算」です。「演算」とは「ある計算処理を行うこと」。たとえば「1+1」の計算を行うと結果（答え）は「2」というのが、最もシンプルな演算の一つです。別の例を挙げると、たとえば一週間後の天気を予想する場合も、スーパーコンピューターに過去と現在の温度、湿度、風向きなど膨大なデータをインプットして、複雑なルールのもとで演算することで答えを出しています。

何か起こっている事柄を検証するとき、普通は「順演算」のやり方で行います。

今、Aという「原因」が発生し、その後、時間が経過するにつれて、AがB、BがC、CがDという事象を引き起こして、最後にDがEという事象すなわち「失敗」という「結果」につながったとします。簡略化すれば「A（原因）→B→C→D→E（結果＝失敗）」となります。

このように「どんな「原因」から始まって、途中で何が起こって、結果として「失敗」につながったのか」を時間の流れに沿って順番に見ていく方法が「順演算」です。

しかし、何か失敗してしまったとき、何が失敗の原因なのか、すぐにはわからないことがよくあります。「どうしてこんな失敗をしたのか」と原因を見つけなければいけない場合、「順演算」のように「原因」から順番に失敗を検証することは不可能です。

そこで、失敗の原因を究明するのに役立つのが「逆演算」です。

原因から失敗までの因果関係が明らかに

「逆演算」とは読んで字のごとく「逆の演算」で、「順演算」とは演算する方向が逆、つまり「結果から逆に原因を導き出す演算」です。逆演算では、原因から失敗までの現象を時間の経過の後ろの方から逆に前の方へとさかのぼるように検証します。「失敗した」という結果は事実として目の前にあるわけですから、その失敗の事実をじっくり検証して、失敗という結果に至る一つ手前の事象は何だったのか、推測します。その事象が推測できれば、次はその一つ前の事象を推測し、推測できたら、さらに一つ前の事象を推測して……と、時間の経過、物事が起こった順番を逆に推測しながらたどって行くことで、最後にその失敗という現象の起点となる「原因」を解明します。

先ほど説明した順演算が「原因A」というスタートから検証を始めて、「A→B→C→D→E」という順番で「失敗E」というゴールに達したように、逆演算では「失敗E」からスタートして、「E→D→C→B→A」という順番で途中のプロセスを検証しながら、最後に「原因A」に到達するわけです。

この逆演算の思考方法を身につければ、「見えている「失敗」という結果」から「見えていない失敗の原因」を見つけられるだけでなく、失敗のおおもととなった原因Aが、途中のプロセス（B→C→D）でどんな環境や人為の影響を受けたから失敗Eという結果に結びついたのか、隠れていた「原因から失敗までの各プロセスにおける因果関係」まで明らかにすることができるのです。

以上で逆演算を使って失敗の原因を解明する方法が理解できたと思いますので、次は「失敗の原因の分類」について解説します。

5　失敗の原因を分類する

機械設計に関して作成された「失敗原因分類図」

自分がやらかしてしまった失敗を分析するとき、それがどんなタイプの原因によって起きた失敗なのか、分類すると理解の助けになります。

この「失敗の原因」を分類できるのが、まるで曼荼羅《まんだら》のように放射線状に広がる形の「失敗原因分類図」です（図5）。

この図はもともと、機械設計の失敗の原因を分類するために考案・作成しました。私が東京大学工学部機械科で学生たちに設計を教えていた頃、「失敗とはどのようなもので、何が原因で起こって、どう対処すればよいのか」を教えたいと思い、それに適した教科書を探しました。しかし、そのような教科書はどこにもなかったので、私は研究室の卒業生たちが集まる勉強会で、それぞれの失敗を持ち寄って教科書の代わりになる本を作ることにしました。自己申告された失敗を整理すると一〇八件もありました。あまりにも多くて分析できないので、失敗の原因を基準として分類することにしました。そのときできた図が、左で紹介している「失敗原因分類図」です。

この曼荼羅のように放射線状に広がる図は、中心に「設計における失敗の原因」があり、そのまわりには失敗原因を多少具体的に表現した一〇の項目が並び、さらにその外側で、一〇の項目の一つひとつが、二つから三つに枝分かれして、二五のより具体的な「失敗の原因」に分類されています。

教科書を作るために集まった一〇八の失敗の原因は一つ残らず、この図の二五の「失敗の原因」のどれかに分類することができただけでなく、その後、さまざまな失敗を調

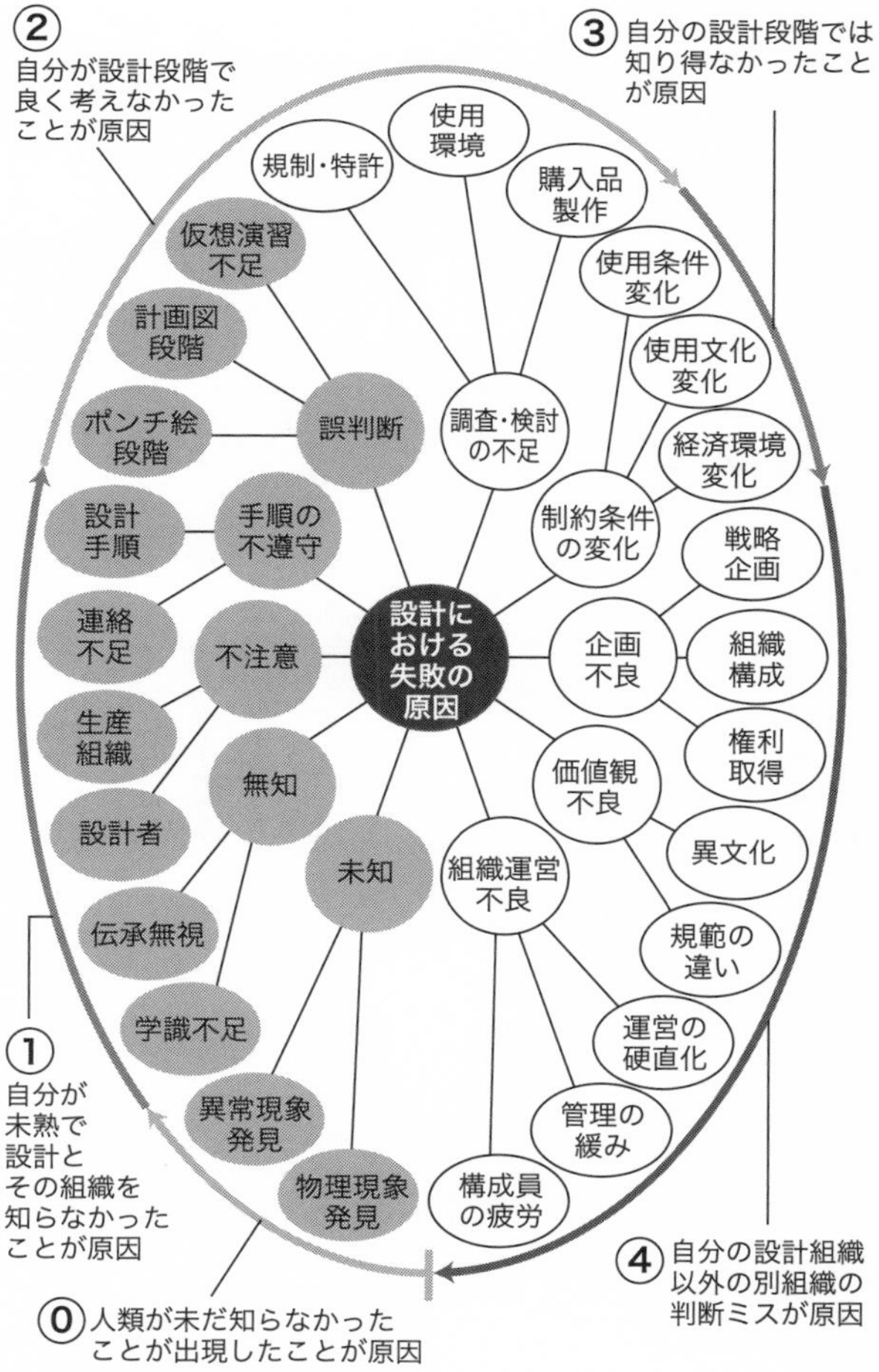
②
自分が設計段階で
良く考えなかった
ことが原因
③自分の設計段階では
知り得なかったこと
が原因
設計における失敗の原因
誤判断
仮想演習不足
計画図段階
ポンチ絵段階
手順の不遵守
設計手順
不注意
連絡不足
生産組織
設計者
無知
伝承無視
学識不足
未知
異常現象発見
物理現象発見
調査・検討の不足
規制・特許
使用環境
購入品製作
制約条件の変化
使用条件変化
使用文化変化
経済環境変化
企画不良
戦略企画
組織構成
権利取得
価値観不良
異文化
規範の違い
組織運営不良
運営の硬直化
管理の緩み
構成員の疲労
①
自分が
未熟で
設計と
その組織を
知らなかった
ことが原因
④自分の設計組織
以外の別組織の
判断ミスが原因
⓪人類が未だ知らなかった
ことが出現したことが原因

図5　失敗原因分類図

べても、ほとんどがきれいに分類できました。

この図は「機械設計の失敗」の原因を分類するためのものですが、一〇の項目のうちの「未知」「無知」「不注意」「手順の不遵守《ふじゅんしゅ》」「誤判断」の五つの項目については、機械設計とは関係なく、読者のみなさんの失敗の分類にも役に立つと考えられます。

各項目について、具体的に説明しましょう。

個人の「失敗の原因」も分類できる五つの項目

一つ目の「未知」とは「それまで世のなかの誰も知らなかった現象が出現して、そのせいで起きてしまった失敗」の原因の分類項目です。これは事前に予測できないので、誰のせいでもない失敗です。

二つ目の「無知」は「予防や解決の方法がすでにわかっていて、勉強していなかったので起きた失敗」の原因の分類です。このタイプの原因を持つ失敗は勉強すれば防げます。ただし、あまりに「無知による失敗」を恐れるあまり調査や勉強ばかりに集中して、いつまでも行動しないでいると、失敗で失うものよりも大切な「やる気」や「時間」を失いかねないので注意しましょう。

三つ目の「不注意」は「しっかりと注意してさえいれば起こさなくてもすんだ失敗」の原因です。寝不足や不摂生などで体調を崩したり、忙しすぎたり、焦りすぎて冷静な判断力を失うと、注意力が散漫になり、失敗する可能性は高まります。ときには致命的な失敗にもつながりかねないことを常に意識しておきましょう。

四つ目の「手順の不遵守」は「決められた手順（約束事）を守らなかったために起きた失敗」の原因です。個人が単独で行動しているときにも起こりますが、特に、グループで行動しなければならないとき、手順や約束事を守らずに勝手な行動をとると、大きな事故の原因になることもあるので、十分に注意したいタイプの失敗です。

五つ目の「誤判断」は「間違えた判断を下した結果、起こってしまった失敗」の原因です。これは「判断」そのものを間違えるケースだけでなく、判断のもととなる「その場の状況」を正しくとらえられなかったため、判断にも誤差が起こって失敗するケースなども含まれます。

みなさんが起こしている大小さまざまな失敗をこの「未知」「無知」「不注意」「手順

の不遵守」「誤判断」の五つの項目に当てはめて分類することで、一言で「失敗」と言っても、そこにはさまざまな原因があること、そして、失敗をなくすためには、それぞれの原因にそった注意や準備を必要とすることが理解できると思います。

6 「六項目」による失敗の記述

失敗は結果だけしか見えていない

「失敗（結果）」から逆演算して失敗の原因や途中のプロセスとの因果関係を解明する方法、失敗を五つの項目で分類する方法について理解できましたら、次は、自分の起こした失敗から体験的知識を得るために役立つ「六項目による失敗の記録」について紹介します。

失敗を記録するための前提条件として、「失敗」という事実（結果）だけでなく、「どんな原因があって、どのようなプロセスで失敗へとつながったのか」という「脈絡（筋道）」を知ることが重要になります。

通常、私たちが目にする事実は、原因となる事象から始まり、いくつかのプロセスを経たあとの「結果」だけです。失敗も同様で、結果としての「失敗」は見えていますが、そこに至るまでの経緯や始まりの原因はすでに見えていません。実際、企業や官公庁の資料室に保管されている「失敗」や「事故」についての記録や書類を見ても、ほとんどが「結果」である「失敗の状況」しか書かれていません。また、学校で何か大きな事故やトラブルがあった場合も、「事故報告書」などのレポートは作成されますが、大抵が「事故（トラブル）の事実を記述する」というレベルで終わっています。

しかし、失敗から体験的知識を得て、同じ失敗をくり返さないためには、原因からいくつかのプロセスを経て結果（失敗）に至るまでの全体的な「脈絡（筋道）」をしっかりと理解することが不可欠です。この「脈絡」の情報までしっかりと書き留めて、失敗の全体像が把握できる記録になって初めて、失敗から体験的知識を学び取るための資料となるのです。

それでは、のちの人生に役立てる体験的知識を得るためのデータとして、自らの失敗経験を整理して残す「失敗経験の記録」の付け方について解説しましょう。

失敗経験を五つの項目で記述する

失敗経験を記述するとき、まずは「事象」「経過」「原因（推定原因）」「対処」「総括」の順番で書き表します。

この五つの項目は、決して適当な順番に並んでいるのではありません。この順番は、人間の思考パターンを分析した結果、「この順番で頭に入れていけば、ひとは物事を理解しやすい」と推測される順番に並んでいます。

何か具体的な事例に沿って解説した方がわかりやすいと思いますので、先に紹介した「リン青銅の実験」の失敗体験を実際に記述してみましょう。

最初は「事象」を書きます。

【事象】

〇〇〇〇年〇月〇日、東京大学工学部の大学院の演習として、教師（私）と六人の学生が圧縮したときの各種材料の機械的性質を直接測定するための実験を行った。その実験中、試料に使用したリン青銅が横方向に飛散して、教師が危うく死にそうになった。

このように「事象」では、記述する失敗の結果としての事実をできるかぎり正確かつ端的に記述します。

次は「経過」です。こちらについては具体的かつ詳細に書きます。

【経過】

普通、試料を圧縮する実験では、試料の上下の面と試験装置の接触面を密着させる。しかし、圧縮によってリン青銅の変形が進み、内部に複数の「すべり面」が生じた結果、試料の上下の面が平行ではなくなった（図6）。この実験では、試料の上下の面が斜めに傾いて以降も、実験装置の「球面座」の摩擦力の働きによってリン青銅は圧縮され続け、ついには破断した。そのとき、試料の破片が外部に飛び出した。

この破断が起こる直前には、圧縮された試料の変形が大きくなるにつれて、試料のリン青銅や試験機から不気味な音が発せられた。この音には誰もが不安を感じて、一人の学生が自分の判断で、変形する試料から逃れるように試験機から離れた。

その直後、試料の破断およびリン青銅の破片の飛散が起きた。破片は避難した学生がもといた場所をすり抜けた。壁にぶつかり、跳ね返ると、実験を指導していた教師の左耳をかすめてから、実験室の床の上に落ちた。

あまりに恐ろしい事故に、学生も教師も腰を抜かしてしまい、しばらくの間、誰も動くことができなかった。全員無事だったのが不思議なほどだった。


「経過」の次は「原因」、つまり「なぜ失敗（事故）が起きたのか」を書きます。

ここで意識してほしいのは「自分用の記録であれば、必ずしも正確に記述する必要はない」ということです。

失敗の経験の記述として大切なのは「失敗したとき、当事者として、どう感じて、どう考えたのか」というあなた自身の見解です。もしかしたら正確ではないかもしれない……と不安を感じたとしても、一向にかまいませんから、とりあえず、そのときに推測して思いついた「推定原因」を書きましょう。正しいかどうかは関係なく、その「推定

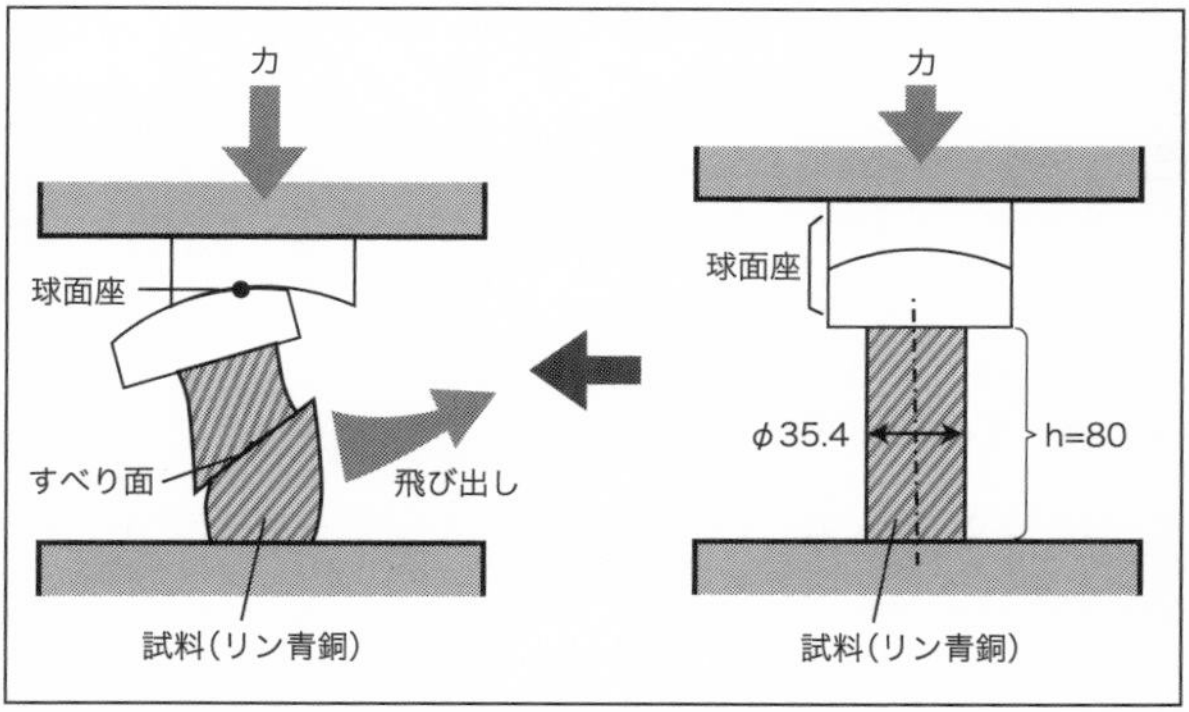

図6　リン青銅実験での失敗

原因」がヒントになって、後ほど想像もしていなかった意外な事実につながったり、新しい発見のきっかけになることもあるからです。そして、後で考え直したり調べたりして判明したら、正しい原因も書き加えましょう。

たとえば「リン青銅の実験」のケースでは、次のように記述します。

【原因】

破断した状態で圧縮が進んだ結果、試料と球面座の上面が傾いたため、上下の圧縮板の間に斜めにクサビを入れたような状態が生じた。その後、水平方向分力（上から斜めに押されている力を垂直方向と水平方向に分けたときの水平方向の力）が断面の摩擦力を超えた瞬間、試料の破片が飛散した。

このとき、試料のリン青銅が弾性を有していたため、圧縮による弾性エネルギーが蓄積されていたので、そのエネルギーが飛散という形で解放された瞬間に運動エネルギーへと変換され、リン青銅の破片は猛スピードで飛散したと考えられる。


失敗の「原因」が記述できれば、次は、その失敗に対して、当事者はどんな「対処」を行ったかです。

ここで気をつけてほしいのは、失敗（事故）が起こってからの「対処」だけでなく、必要なケースでは、失敗が起こる以前にはどんな「対処」をしていたのか、それも含めて記述する必要があるという点です。

例えば、この「リン青銅の実験の失敗」の場合は、実験前にどんな準備が行われたのかについても書かれています。


【対処】

このような「金属の圧縮実験」が危険な実験であることを教官は理解していた。しかし、圧縮されることでリン青銅がどのように変化するのかを学生たちに観察させるのが実験の目的だったので、試料の飛散防止カバーはあえて装着しなかった。そのことについては、学生たちにも前もって告げていた。まさか飛散防止カバーをつけなかったことで、圧縮した試料を飛散させる事故が起こるとは想像もしていなかった。

試料の破片が猛烈な勢いで飛んだ方向には、飛散の直前まで一人の学生が立っていたが、試験機の異常に気づいて離れた場所に移動していたため助かった。それは運が良かっただけで、もし自主的に退避行動を取らなかったら、頭や体に破片が当たり、重傷を負うか、死亡事故となった可能性が高かった。

ここまで記述できたら、直接の失敗原因だけでなく、失敗を誘発するような環境や精神的な問題など、全体的なまとめとして、その失敗がどんな内容だったのかを「総括」します。

「リン青銅の実験の失敗」の「総括」は次のようになります。

【総括】

金属の圧縮実験で、試料のリン青銅を上下に圧縮したら、試料が破断して、破片が飛散した。

通常、機械の材料となる金属の破壊は「引張り」で生じるため、普通、破壊試験は引張りで行う。一方、コンクリートのような材料の破壊は「圧縮」で起こるため、破壊試験は圧縮で行われる。

引張りで破壊される材料に圧縮試験を行った場合、ここに記述してきたように弾性エネルギーの蓄積による事故が発生しやすいことは、材料試験に携わる研究者なら誰でも知っている基本的な知識である。

しかし、実物を見せることで学生たちの理解を深めさせたいという気持ちから、その基本を無視して実験を行ったことは、愚かな判断であった。

機械を扱う技術者であれば、実験や試験等での動作の一つひとつに対して、そこにどんな事象が生じるか、そのメカニズムを常に考えるよう習慣づけておくべきである。もし今回のような実験をどうしても行わなければならない場合は、そうした発想のもと、しっかりとシミュレーション（仮想演習）を実施して、不慮の事故を起こさないための防御対策をしっかりと実施するべきだった。

なお、今回のような金属の弾性エネルギーの蓄積だけでなく、気体であった場合も、弾性エネルギーの蓄積には同様の危険が潜んでいる。実験の試料として気体を使用するケースでも同じく注意が必要である。

以上のように、自分が起こした失敗を「事象」「経過」「原因（推定原因）」「対処」「総括」の項目ごとに分けて記述し整理することによって、その経験から失敗の本質を学びやすくなるのですが、さらに、もう一つ、「知識化」という項目を付け加えると、より失敗から体験的知識を身につけやすくなります。

「知識化」とは、失敗した経験から得た知恵や教訓です。この「知識化」は、自らが失敗した経験を俯瞰《ふかん》するような視点から、要点のみを記述します。

たとえば「リン青銅の実験の失敗」の場合、このようになります。

【知識化】

実験する場合は、破壊や飛散のメカニズムを十分に考慮して、それに合った実験計画を立てる。また、普段から危険予知能力を養う。

リーダーの言うことに盲従することなく、自分の命は自分で守る。実験のリーダーは必ずシミュレーション（仮想演習）を十分に行い、どんな状況にも対処できるように準備しておく。

このように、自身の失敗経験を「事象」「経過」「原因（推定原因）」「対処」「総括」「知識化」の項目に分けて記述した「記録」を蓄積しておけば、将来、内容や条件が似ている課題に取り組むとき、前もってこの記述をおさらいすることによって、同じような失敗を起こす可能性を低められるのです。

「事象」「経過」「原因（推定原因）」「対処」「総括」「知識化」の六項目による失敗経験の記録は、同じタイプの失敗の再犯防止に大いに役立つので、ぜひ、みなさんも活用してください。

ここまで、体験的知識を得るために有効な手法として、「逆演算による失敗の因果関係の解明」「失敗の原因の分類」「六項目による失敗の記録」の三つのノウハウについて解説しました。

「体験的知識を得ること」の大きな目的の一つが「取り返しのつかない失敗の可能性を低くすること」でした。

実は、もう一つ、大失敗の可能性を低減する別の効果的な方法があります。それは「失敗を予測して回避する」という方法です。

7　失敗にもある「ハインリッヒの法則」

「ヒヤリ・ハット」は大事故の予兆

「ハインリッヒの法則」とは、米国の労働安全の先駆者であるハーバート・ウィリアム・ハインリッヒ（Herbert William Heinrich）によって提唱された法則です。

損害保険会社の技術・調査部の副部長だったハインリッヒは、労働事故の報告書を何千件も調査した結果、あることに気づきました。

それは「一人の人間に似たような事故が三三〇回起きると、そのうちの三〇〇回はケガをしないもの、二九回は軽いケガをして、一回には重傷を負うようなケガである」という法則でした。

一九二九年、ハインリッヒはこの法則を論文で発表し、その後、出版した著書『Industrial Accident Prevention, A Scientific Approach（労働災害の防止、科学的アプローチ）』（日本の翻訳本の書名は『災害防止の科学的研究』）でも紹介して、広く知られるようになりました（図7）。

「ハインリッヒの法則」のなかの「ケガをしない三〇〇回の事故」は、のちに日本で「ヒヤリ」「ハット」という言葉で表現されます。まるで外国語をカタカナで表現したような言葉ですが、その表現の由来は「ケガはしないが、ヒヤリとしたり、ハッとするような小さな事故」という意味です。

ハインリッヒの法則（三三〇回の事故のうち、ケガのない事故が三〇〇回、軽いケガの事

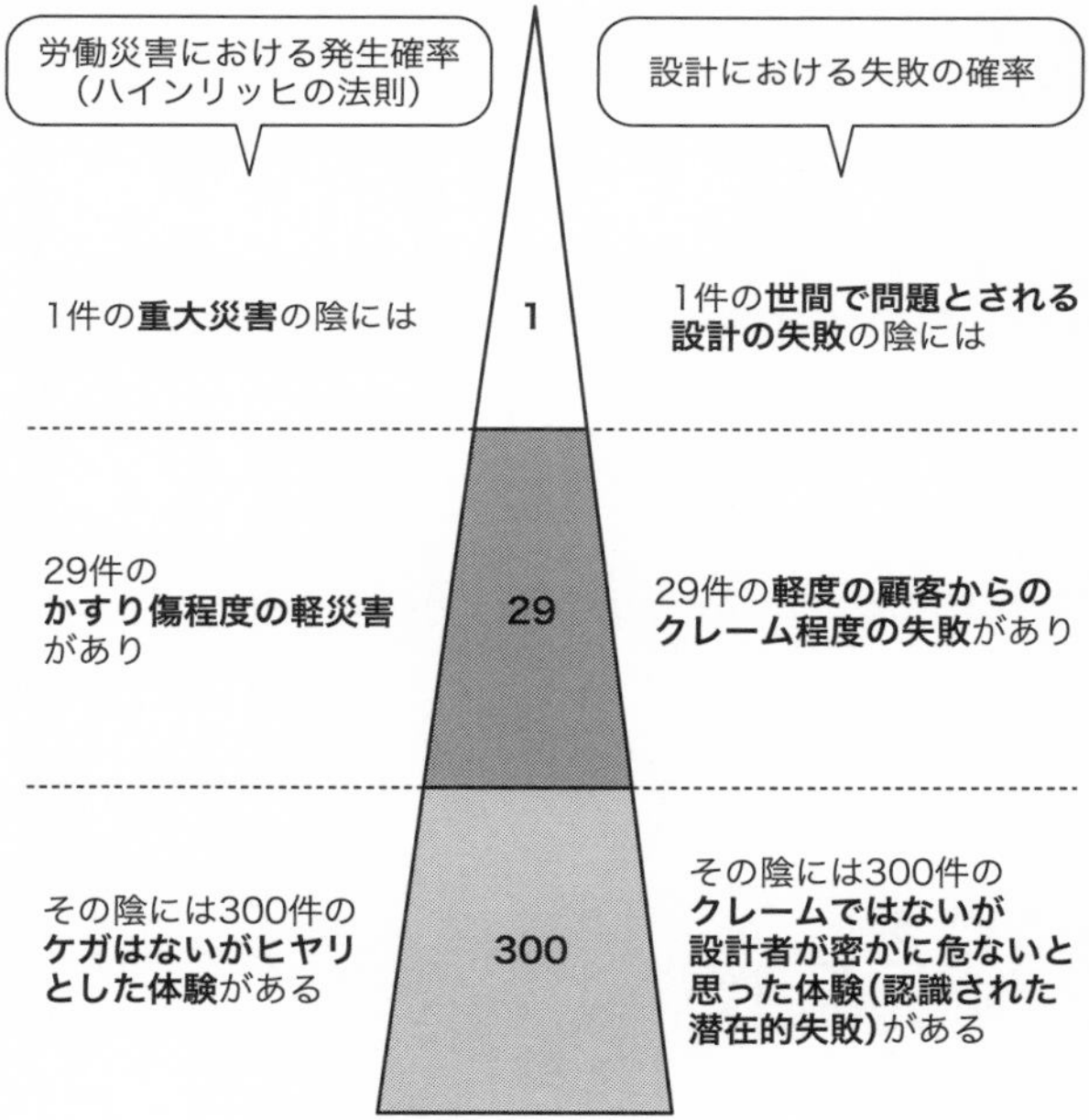

労働災害における発生確率
（ハインリッヒの法則）
設計における失敗の確率
1件の重大災害の陰には
1
1件の世間で問題とされる設計の失敗の陰には
29件のかすり傷程度の軽災害があり
29
29件の軽度の顧客からのクレーム程度の失敗があり
その陰には300件のケガはないがヒヤリとした体験がある
300
その陰には300件のクレームではないが設計者が密かに危ないと思った体験（認識された潜在的失敗）がある

図7　ハインリッヒの法則

故が二九回）に基づいて考えると、たとえ「ヒヤリ」や「ハット」のようなレベルの出来事であっても、それが一〇回起こったとすれば、すでに一回の軽いケガを伴う事故が起こっていてもおかしくないのです。さらに、もしおよそ三〇回の軽いケガの事故が起こっていたとしたら、重大な事故が起こっても不思議はないわけです。

つまり、たかが「ヒヤリとした」とか「ハッとした」程度の事故だからといって、「あー、ケガしないでよかった」と安心して、そのことを忘れてしまうことを続けていると、いつかはケガをする事故が起きてしまう。軽いケガをするような事故への対処を怠ったり、対応が不完全だったりすると、労働事故の要因はさらに成長して、やがては非常に深刻な事故の発生にもつながりかねないという警告になっているのです。

ですから、重大な労働事故を未然に防ぐためには、「ヒヤリ」や「ハット」を軽視することなく、きちんと認識して、上層部に報告すると同時に、その「ヒヤリ」「ハット」のレベルの事故がなぜ起こったのか、どうすれば対処できるのか、きちんと考え行動しなければならないというのが、この「ハインリッヒの法則」から与えられる重要な教訓なのです。

実は、「労働事故」だけでなく「失敗」についても、「失敗におけるハインリッヒの法則」とでも呼べるような同様の法則が当てはまります。なぜなら、失敗には労働事故と同じく、「放置しておくと成長する」という特性があるからです。

失敗の要因は成長し合体する

ある小さな失敗が時間の経過とともに大きくなっていくプロセスを細菌やカビ等の増殖に見立てて考えてみましょう。

ある培地（現場）に小さな「失敗の核（原因）」が発生したと想像してみてください。この核は小さいので、周囲の人間はもちろん、のちに失敗する本人にすら発見も認識もされませんし、なんらかのダメージを与えることもありません（図8）。

この核が時間の経過とともにエネルギーを蓄えると、培地（現場）の上で「萌芽《ほうが》」します。失敗がなんらかの現象となって表に出るわけです。すると、ここでやっとひとは「なんか、まずくない？」と感じます。

この「萌芽」の段階で、原因を究明して除去するとか、これ以上は大きくならないように修正を加えるなど、適切な対処を行えば、将来に起こるかもしれない大失敗を未然に防ぐことができるでしょう。しかし、大抵は、あまり大ごとにされず、取るに足らない出来事として看過されます。

その後、放って置かれた失敗の萌芽はどんどん大きくなり、やがて「失敗の閾値《いきち》」を越えて「顕在化」、つまり、誰が見てもわかる（気づく）規模の「大失敗が起こる要因」にまで成長します。

さすがに当事者も周囲の人も「大きな失敗」が起きないように対処しようと考えますが、そこまで放置してしまうと、もう間に合わないことが多く、最終的には破裂して、甚大なダメージを周囲に与えてしまうことになるのです。

しかも、この失敗の要因である核は、培地（現場）に無数に発生します。それらが萌芽すると、お互いに影響し、関係しながら、時間の経過とともに成長し、合体し、さらに大きな失敗の要因へと育っていきます。

結果、最終的には「ある人が同じタイプの失敗を三三〇回すれば、三〇〇回は当事者が「まずいな」と認識する程度のミスで、二九回は周囲の人たちにも気づかれるくらい

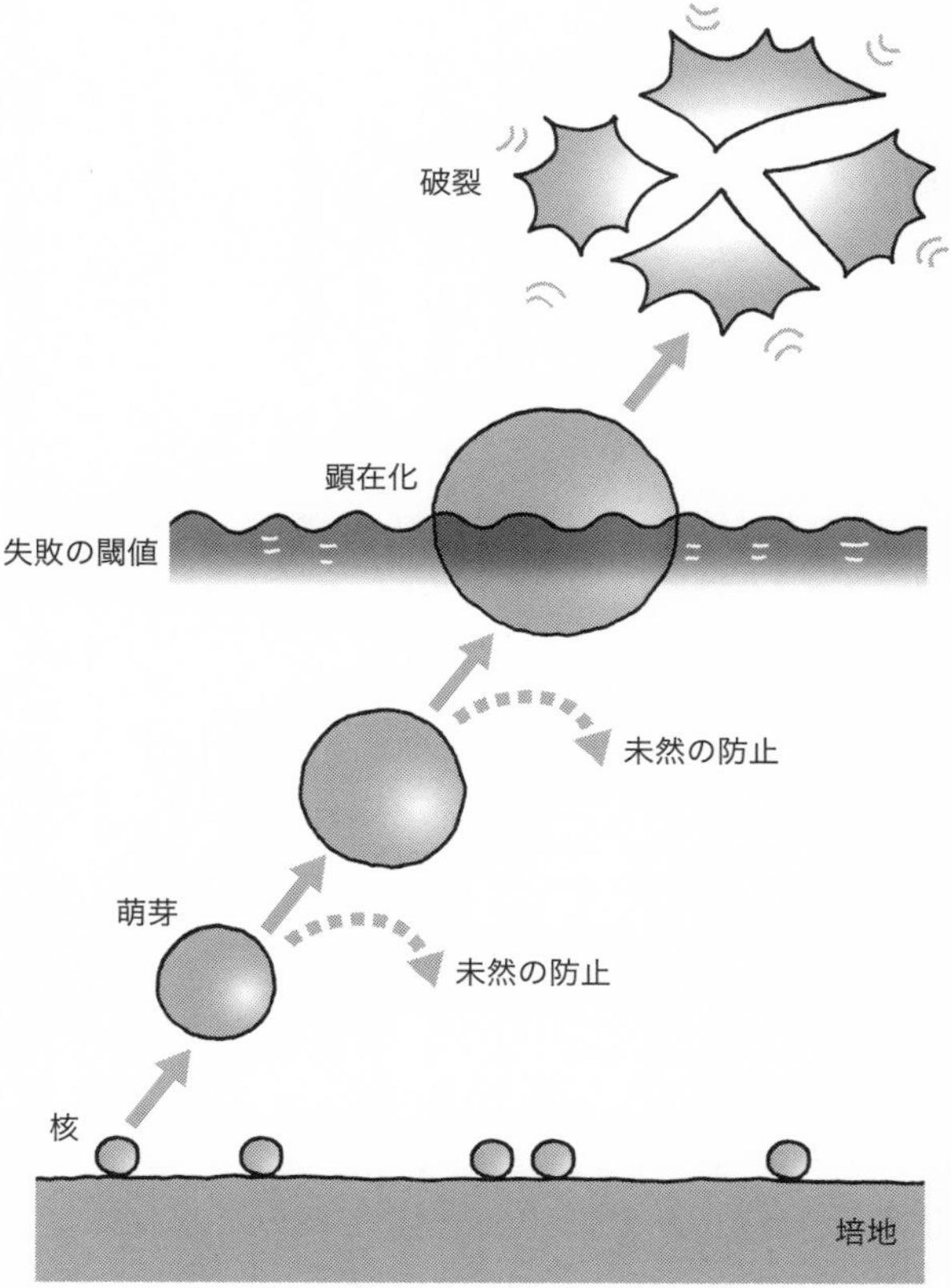

図8　放置していると失敗は成長する

の失敗で、一回は取り返しのつかない大きな失敗」という状況になります。
つまり、「ハインリッヒの法則」とよく似た「失敗におけるハインリッヒの法則」が想定できるのです。

小さな失敗も軽く見てはいけない

逆に言えば「失敗におけるハインリッヒの法則」が示しているのは「取り返しがつかないほどの失敗が起きたとしたら、それがなんの前触れもなく突然起こったように見えても、実は、その背後に二九の中くらいの失敗が存在し、さらには潜在的に三〇〇の些細な失敗がある」ということです。

つまり、後悔してもしきれないような失敗をしてしまったとき、後からきちんと調べてみると、その大失敗につながるような中くらいの失敗を何十もしていたことがわかり、さらには報告されるどころかきちんと認識すらされていなかった何百もの失敗が出てくるというわけです。

その仮定に立って考えると、もし「まずいな」「やっちゃったかな」という程度の失敗体験があったときに、同種の小さな失敗が起こらないように、失敗の要因や現場の環境などを見直して、きちんと防止策を実施しておけば、失敗の要因の成長はその時点で阻止《そし》することができます。しかし、もしそこで事態を軽視して、そのまま放置すると、しばらくして、よりダメージの大きな失敗の芽（要因）を生じることになります。

その失敗の芽にさえも気づかなかったり、あるいは対応が遅れたりすれば、やがて失敗の要因は閾値を越え、顕在化し、破裂して、取り返しのつかない大失敗へとつながるというのが「失敗におけるハインリッヒの法則」の示すところなのです。

世間を騒がせるほどの大きな失敗の背後には、大抵、この「失敗におけるハインリッヒの法則」と同様の構図が見て取れます。

ここで、「失敗」に関してこれまで検証してきたことについて確認しておきます。

失敗はその大小を問わず、必ず起きるもので、完全に防止することはできません。だからと言って、失敗を恐れすぎて何も行動しなければ、大きく成長する機会や大成功するチャンスさえも失ってしまいます。

一方、失敗を恐れず、好きなことに果敢にチャレンジしながら「よい失敗」の経験を積めば、同じ失敗をくり返さなくてすむようになり、クリエイティブなアイデアの源泉ともなる貴重な体験的知識も得られます。よって、他人に迷惑をかけず、後でリカバーできる程度の失敗であれば、むしろ経験した方が良いと考えられます。

ただし、回復が難しいほどダメージが大きく、他人も巻き込んでしまうような取り返しのつかない大失敗だけは、どうにかして避けたいものです。そのためには、大きな失敗が実際に起きてしまう前に予測することができれば、事前にその要因に適切な対処を施せば、大失敗が起きる可能性を低くできますし、大失敗した後の対応などを前もって想定し準備できるので、せめて失敗後のダメージは最小限にとどめられます。

しかし、起きるかもしれない大失敗を予想することなどできるのでしょうか。

私はできると考えています。そう判断する根拠は、先に紹介した「失敗は成長する」という特性と「失敗におけるハインリッヒの法則」です。

8　失敗は予測できる

小さな失敗は大きな失敗の予兆

「失敗は成長する」という特性からは、どんなに大きな失敗も、もとをたどれば複数の小さな失敗から始まっていることがわかります。また、「失敗におけるハインリッヒの法則」をもとに考えれば、一つの大きな失敗の裏には、起こっていることに気づける中くらいの失敗が二九あり、さらにその背景には「まずいな」と感じる程度の失敗が三〇〇もあるのです。

つまり、「取り返しのつかないほどの大失敗」が起きる前には、その予兆とも呼ぶべき小さな失敗がたくさん起きているはずなのです。

普段からアンテナを張り巡らせて、その予兆を敏感にとらえることができれば、まだ小さなうちに失敗の要因に気づいて解消することができます。また、すでに成長している中くらいの失敗も見つけて対処しやすくなるので、その時点で、のちに大きな失敗へとつながる失敗の要因も取り除くことができます。

結果として、小さな失敗に気づくことが、大きな失敗の発生を未然に防ぐことにつながるのです。

小さな失敗を予兆としてとらえて、大きな失敗を予測して未然に防ぐことは、それほど難しいことではありません。なのに、世のなかでは大きな失敗を起こしたケースが多いのは、一体なぜでしょうか。

その理由は、現実の世界ではほとんどの場合、小さな失敗が見過ごされ放置されているからです。

前にも触れましたが、今も昔も「失敗」は誰からも嫌われるものであり、誰もが「できれば目をそらしたい」という意識を持っているからです。そして、人間にとって「見たくないもの」は「見えないもの」と同じなのです。

一番大切なことは、たとえどんなに小さな失敗であったとしても、その一つひとつときちんと向き合って、真の原因を解明していくことです。そうすれば、取り返しのつかない大きな失敗も予測して、未然に防ぐこともできるはずなのです。

失敗に学べばクリエイティブな生き方ができる

この章では「失敗学」に基づいた「失敗から得られる体験的知識の大切さ」や「失敗

と上手に付き合うための具体的なノウハウ」などにも言及しながら、「自分の経験した失敗から正しく学ぶことで、取り返しのつかないような大失敗の起こる可能性を低くする方法」を学びました。

しかし、「はじめに」でも説明したように、失敗学を学ぶことで、もう一つ、大きなメリットが得られます。

それは「自分が思いついたアイデアを実現するクリエイティブな生き方ができるようになる」ということです。

では、なぜ「失敗学」で失敗を学ぶことが、失敗とは真逆のイメージの「クリエイティブ」な生き方につながるのでしょうか。

その理由については、次の第四章で解説します。

第四章　創造的思考で新たな価値を生み出す

1　新たな価値あるものを生む「創造的思考」

失敗が創造の種を生む

私は「失敗学を学べば、自分が思いついたアイデアを実現するクリエイティブ（創造的）な生き方ができるようになる」と考えます。

一見、「失敗」と「クリエイティブな生き方」は反対のもののように思われるかもしれません。しかし、ここまで失敗学を学んできたみなさんであれば、「失敗」と「創造」が非常に密接な関係にあることが理解できると思います。

たとえば「失敗」から得られる体験的知識が「創造」の種になります。

昔からよく知られた言葉として「失敗は成功のもと」「失敗は成功の母」があります。

もしあなたが失敗しても、その要因となった点を反省して、欠点を直し、足りないところを補えば、いつか必ず成功するという意味の言葉です。

私の専門は機械設計ですが、これらの名言を設計の世界で通用する言葉に置き換えるとすれば「数多くの失敗体験が創造的な設計を生む」となるでしょうか。

何か新しいものを作り出そうとしたら、最初のうちは何度も失敗を重ねるのが当然です。その失敗の数々からひとは学び、考えを深めてゆくからです。

それは機械設計の世界に限った話ではありません。

学生のみなさんの本分である勉強のやり方、一生懸命に打ち込んでいる趣味やスポーツの世界でもそうですし、社会人であれば営業やイベントの企画、デザイン、料理など、「アイデアを必要とするクリエイティブ（創造的）な活動」のすべてに共通する話と言えます。

失敗から得られる体験的知識こそが、新たな創造（アイデア）の種となります。

ここまで失敗学を学んできて、体験的知識を効率的に得る方法を身につけたみなさんは、まだ失敗学を身につけていないひとたちよりも、より多くの「創造の種となるアイデア」を得る可能性が高いのです。

言い換えれば「失敗学でアイデアがより多くひらめく分だけ、クリエイティブな活動に取り組む機会も増える」ということです。

失敗学から派生した創造学

ここで、失敗学によって得られるもう一つのメリットが効果を発揮します。

それは「目の前に来た貴重なチャンスに迷うことなくチャレンジすることができる」ということです。そんなチャレンジができるのも、失敗学を身につけたことで、リカバーできる程度の失敗に恐れを抱くことはなくなり、また、取り返しのつかないような大失敗の可能性もできるかぎり低くできるようになるからです。

このように、失敗学は「クリエイティブな活動に取り組むために必要な準備」を整える役割を持っています。しかし、失敗学が「クリエイティブな生き方」につながる理由は、さらにもう一つあります。

私はこの本の冒頭で次のように書きました。

失敗学で会得した「自分の経験した失敗から正しく学ぶ方法」を発展させると、「思いついたアイデアを実現する方法」にも応用できます。すなわち「失敗学を身につければクリエイティブな生き方ができるようになる」のです。

それは「創造学」とでも呼ぶべき新たな哲学と言えます。

このように、失敗学で具体的に検証してきた「自分の経験した失敗から正しく学ぶ方法」である「逆演算」や「仮想演習」など、いくつかの思考方法は「思いついたアイデアを実現する方法」にも応用できるのです。

そこで、この章では、みなさんがここまで学んできた「失敗学」を基礎として、自分が思いついたアイデアを実現するクリエイティブ（創造的）な生き方ができるようになるための「創造学」について、解説していきたいと思います。

まずは「創造学」を理解するうえでの基本的な考え方となる「創造的思考」についての解説から始めましょう。

創造するための思考は逆の順番をたどる

創造学が目指す「クリエイティブな生き方」の一つの例として「失敗などの体験的知識をアイデアの種として、そこから生まれたアイデアを実現することで、それまで世の中になかった新しいもの・ことを創造すること」が挙げられます。平たく言えば「価値ある新たなもの・ことをクリエイトすること」ですが、そのときに必要なのは、どんな「思考」でしょうか。

「それって、当然、順を追ってきちんと考える〝論理的思考〟でしょ？」と思うひとがいるかもしれません。

私には、その考え方があまり正しいとは思えないのです。

確かに、誰かに自分の考えを伝えようとするときは、聞き手が理解しやすいように、時間の経過の流れにそって、起承転結のわかりやすい話し方、いわゆる「論理的思考に基づいた説明」が求められます。他人に何かをわからせたいときは、その方法がベストでしょう。

しかし、「創造するときに論理的思考が必要」という考え方は、おそらく間違いです。なぜなら、ひとが何かを創造しようとするとき、論理的にきちんと筋道の立ったプロセスを辿《たど》ることなど滅多にないからです。

では、人間は何かを創造するとき、どんな思考を行っているのでしょうか。

創造に関わる思考の順番のパターンはいろいろあります。

たとえば、最初に「こんなことに困っている」とか「こんな問題を解決しなければならない」などのテーマ（課題）があり、次はいきなりその課題がすっかり解決できる商品やサービスなどの完成形が浮かぶ。その後、その完成形をつくる（実現する）にはどうすればいいのか、必要なものを考えて、製作過程を逆にたどりながら、計画を立てていく……そんなふうに考えながら創造プロセスが進むのをよく見かけます。

あるいは、まず「こんなものがつくりたい」とか「こんなふうになればいいのに」という具体的な目標がひらめいて、そのあと、その目標を達成するために必要なプロセスを目標から近い順番で思い描いて、最後に「そもそも、なんでこの目標を達成したくなったのだろう」という創造の起点について思いを馳《は》せるような、論理的思考とは真逆の順番で考えている例も少なくないのが実情です。

創造的思考の四つの進め方

これまで創造的な活動にたずさわっているひとたちに話を聞いたり、文献や資料などで調べた私の経験から言わせてもらうと、創造の動機となるテーマ（課題）があってもなくても、何か新しいものが生まれるときは、そのひとの頭の中にゴール（目標、完成形）がパッとひらめいて、そのあと、そこに到達する（それを実現する）ためのプロセスを考え始めるというパターンがほとんどのようです（図9）。

起承転結を順番に追っていく論理的思考とは違って「起から結（結果）」あるいは「結（結果）」からいきなり考え始める〝逆方向にたどる思考法〟と言えば、どこかで聞き覚えがないでしょうか。

そうです。失敗学で「失敗の因果関係」を解明するときに使った「逆演算」とそっくりです。つまり、失敗学で身につけた逆演算の考え方が、何かを創造するときの思考法として応用できるのです。

この「ゴールから出発して考える逆演算」の仕組みを理解することなく、「何か新しいものを生み出すために必要なのは論理的思考」などと考えていたら、本当の創造力など身につくはずがありません。せっかく貴重な失敗体験を重ねても、それをクリエイティブな生き方に活《い》かすことができないのです。

ですから、失敗学で学んだ逆演算こそ、新たな価値あるものを生み出せる創造的な思考法と言えるのです。

通常の論理的思考法に加えて、必要な場面で柔軟に逆演算の考え方も活用する準備ができたら、いよいよ、頭の中にひらめいたアイデアを実現して、新たな価値を創造する方法について、見ていきましょう。

何か新しいものを創造する過程は、大きく次の四つに分かれます。

・アイデアの種を思考平面に落とす「孤立分散仮説の生成」
・アイデアの種に脈絡をつける「仮説立証」
・アイデアを具体的に詰めていく「具体化」
・アイデアを洗練・発展させる「仮想演習」

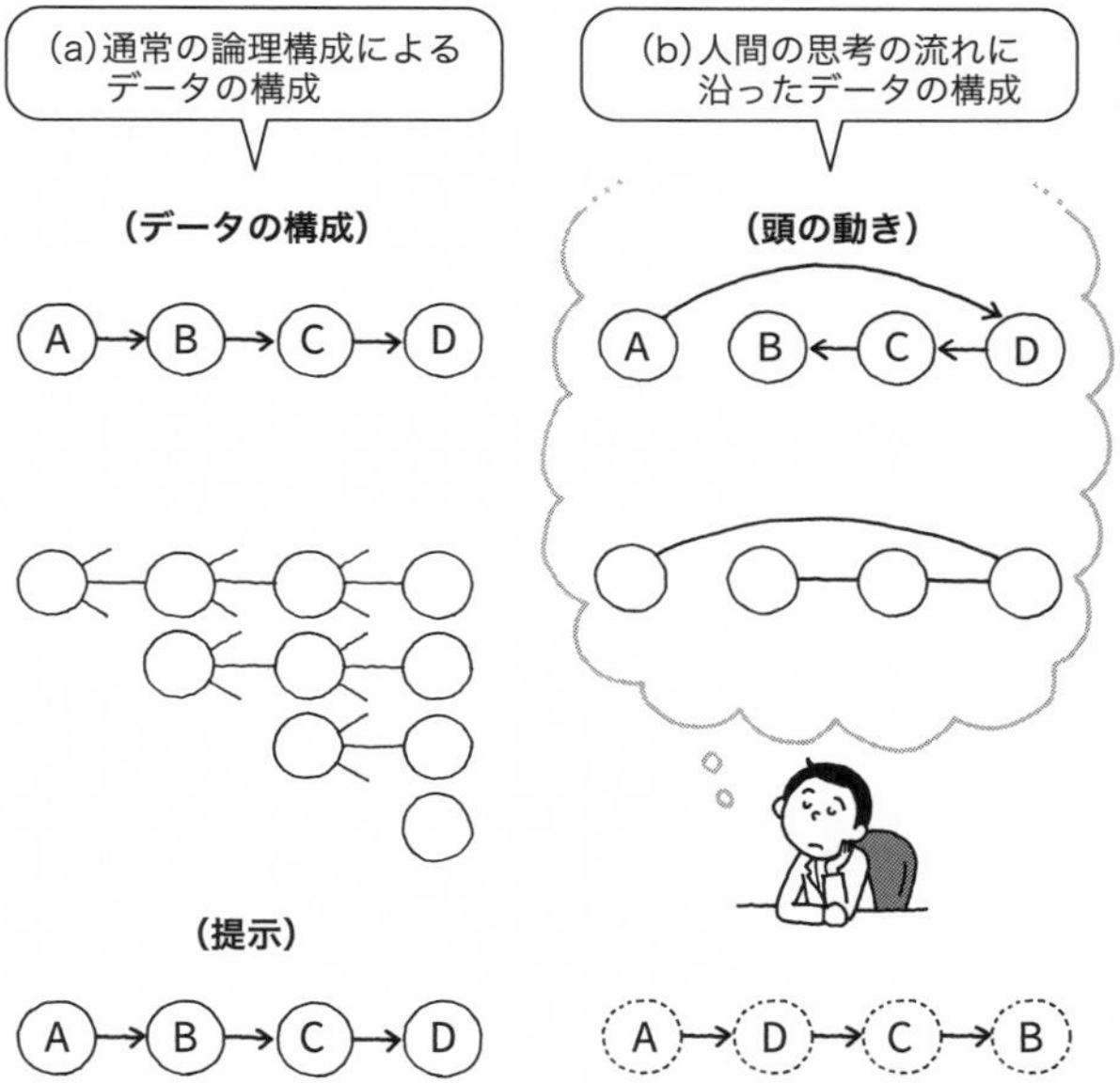

図9 (a) は起承転結を順に追う論理的思考、(b) は創造的な活動にたずさわっているひとたちの思考。新しいものが生まれるときゴールがひらめく

以上が創造学におけるクリエイト・プロセスです。

まずは一つ目の「孤立分散仮説の生成」から説明します。

アイデアの種を思考平面に落とす

人間が脳をクリエティブに働かせているとき、頭の中ではいったいどうなっているのでしょうか。

ひとが創造的思考を実行するためには、必ず何かしらの「アイデアの種」が必要になります。このアイデアの種のもととなる「ソース（源）」には、実にさまざまなものがあります。「山勘」と呼ばれる思いつきや学校で勉強する知識、あるいは、最も有効と思われる「失敗から学んだ体験的知識」など、多種多様です。

それらのソースから生まれたアイデアの種は、頭の中で「生き方」や「好み」といった個々人が持つ個性のフィルターを通ることで、ふるいにかけられ、あるいは、アレンジされて、最後のフェーズでは「思考」で利用できる程度の具体性を持ったアイデアの種となります。

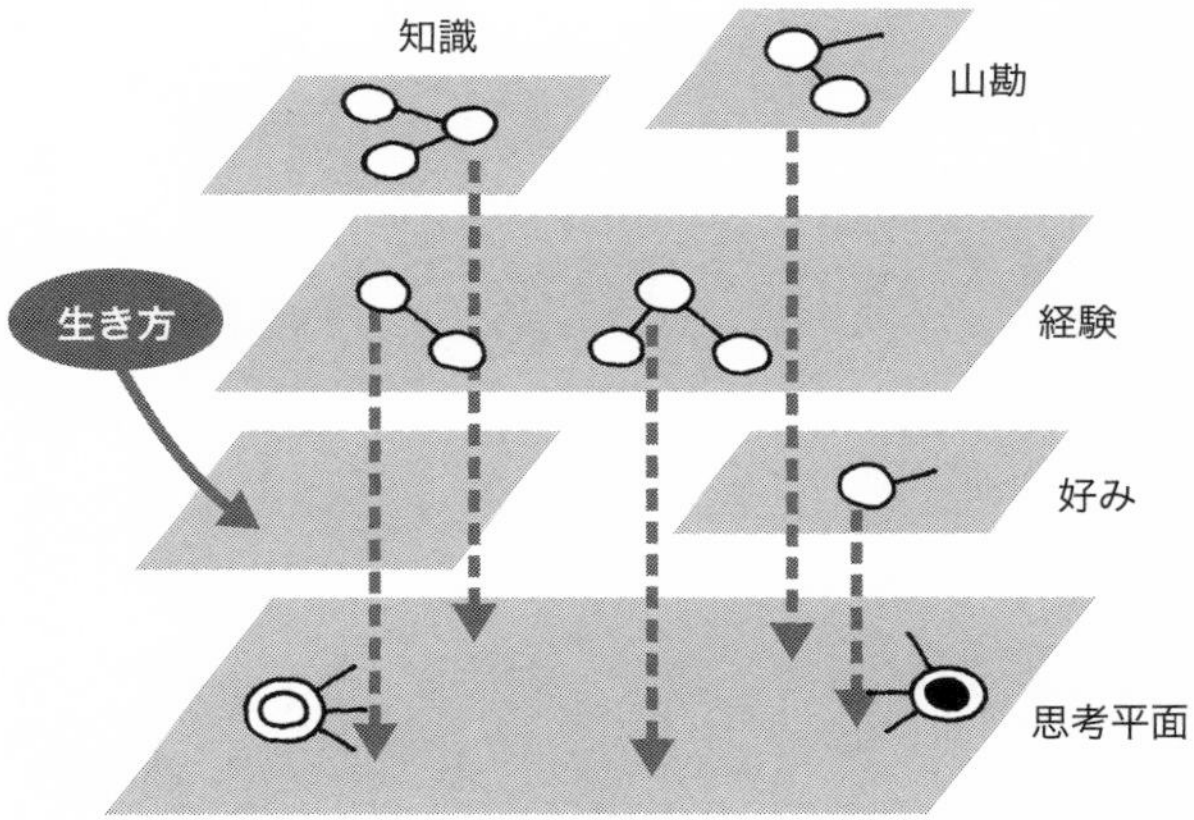

(a)さまざまなソースから生み出されるアイデアと思考平面への投影

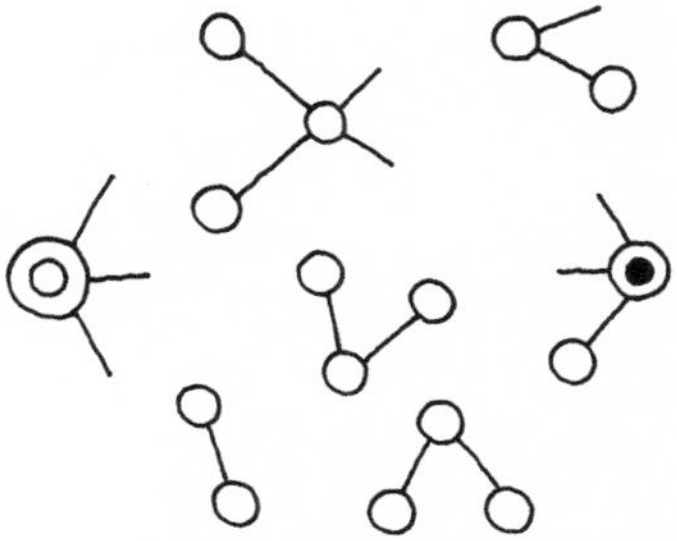

(b)思考平面上に投影された個々の想念

図10　頭の中で生まれたアイデアの種は個人のフィルターを通って思考平面へ投影される

このアイデアの種が思考の作業で扱える状態になるフェーズのことを、創造学では「思考平面」と呼びます。

図10を参照してください。これは、ひとの頭のなかのさまざまなソースでアイデアの種が生まれ、個人のフィルターを通って、思考平面に落ちることで創造的思考の素材として認識される様子を示した模式図です。

この図を見ると、いろんなアイデアの種がさまざまなソースから同時多発的に生まれて、互いになんの関係も持たないまま思考平面上に現れることがわかります。

創造学では、このような状態のアイデアの種のことを「孤立分散仮説」と呼んでいます。図11の(a)も同じ状態を表しています。

図10、11のアイデアの種（○）のうち、左端は「◎」、右端は「◉」です。これらは新たな価値あるものを生み出すプロセスにおいて「◎」が始点となる「思考テーマ（課題、問題）」、「◉」が終点となる「解（解決策、結論）」を表しています。

この論理性もなくバラバラに思考平面に現れたアイデアの種、すなわち「孤立分散仮説」の状態だと、その名の通り、各ソースから生み出されたアイデアの種は、どこにも結びつきがなく、それぞれが完全に孤立しているので、まだ創造的思考の素材でしかありません。

ですから、次のフェーズとしては、このバラバラなアイデアの種のなかから始点（課題）となる「◎」と終点（解決策）となる「◉」を見つけ出し、そのほかの孤立した

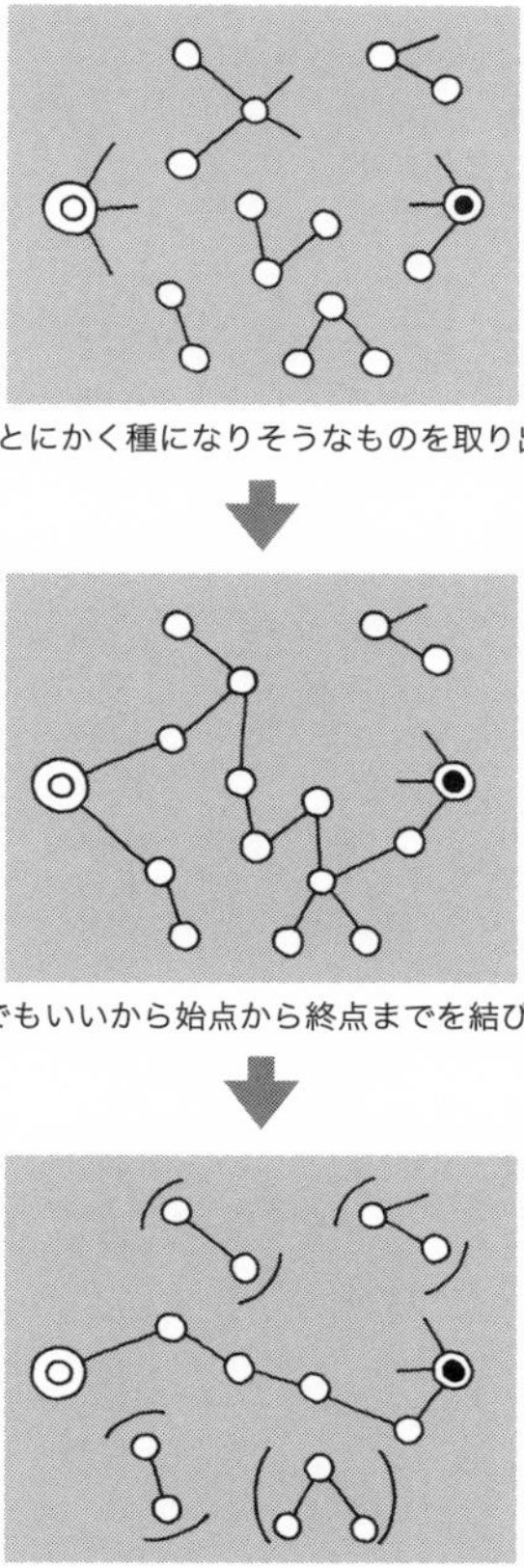

(a)とにかく種になりそうなものを取り出す

(b)何でもいいから始点から終点までを結びつける

(c)無理・無駄を廃し、素直な結びつきに直す

図11　互いに関係のないアイデアを結びつけていく

「アイデアの種」を結びつけながら、始点（課題）「◎」から終点（解決策）「◉」までの間をつなぐことで、全体に「脈絡（筋道、ストーリー）」を持たせます。この脈絡を持たせる作業こそが、創造的思考のなかで最も重要なプロセスとなります。

アイデアに脈絡をつける「仮説立証」

複数のアイデアの種に脈絡を持たせる方法は、ひとによって千差万別ですが、ここでは代表的な方法を一つ、紹介します。

言葉は悪いですが、最初は「なんでもいいから、関連しそうなアイデアの種を選んで、始点と終点のアイデアの種の間を埋めるように結びつける」のです。

そして、そのアイデアの種のつながりの中から、無理が感じられる部分、プロセスとして無駄な部分、論理的に矛盾する部分などを排除して、各パートの順番が素直な流れになるように調整していきます。

このとき、もし、どうしても自然な形でうまくつなげられず、始点から終点までに脈絡をつけられなかったとき（失敗したとき）は、試していたやり方を潔く諦めて、全く

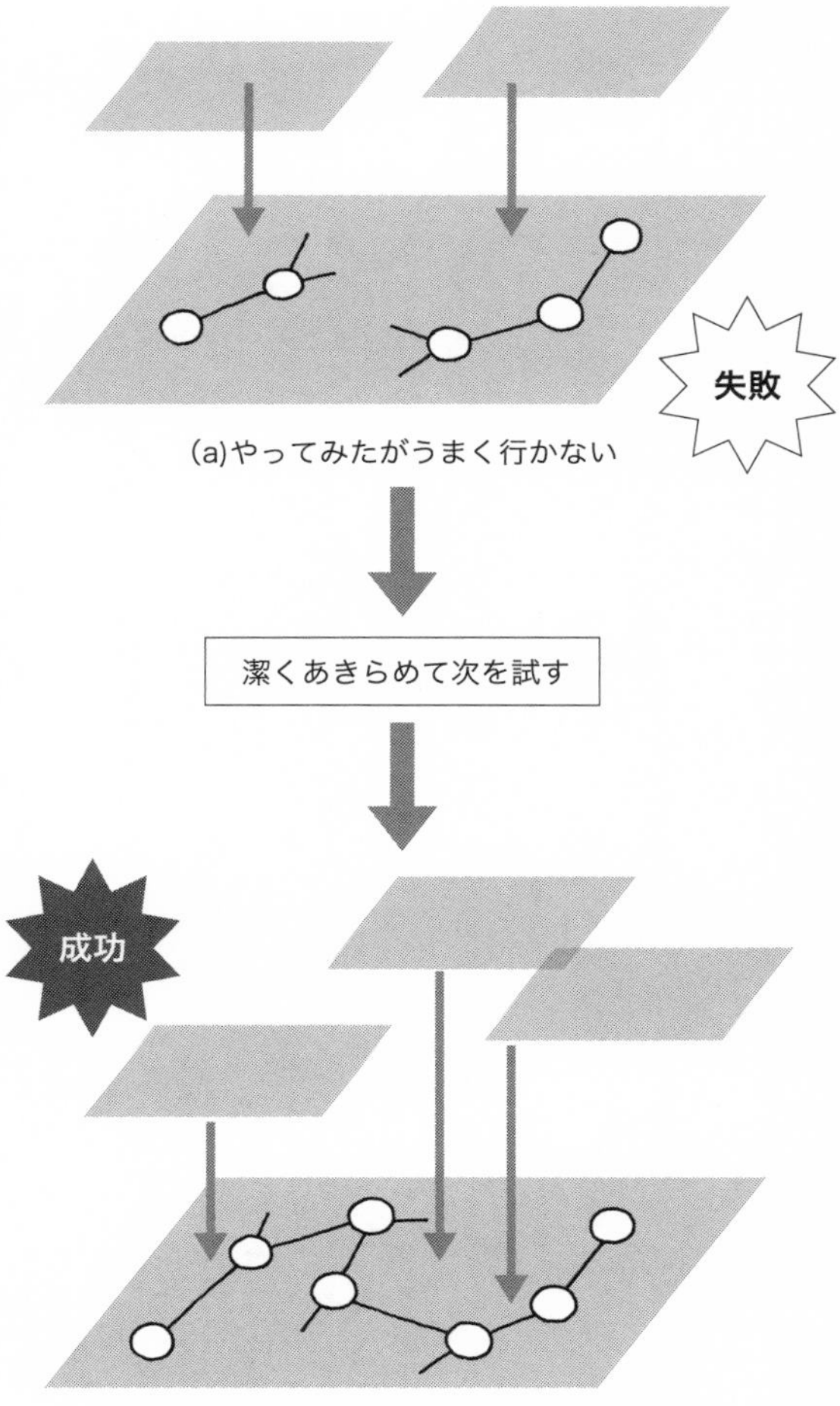
抜け・矛盾・無駄があるが、初期の目標は達する

図12　アイデアに脈絡をつけていく

新しいつなげ方、新しい脈絡を試してみましょう（図12）。

アイデアの種と種を結びつけて脈絡を持たせていくとき、始点（課題）から終点（解決策）までを一度でうまく結びつけられることなど滅多にありません。たいていは何度も試したり、やり直したりすることになります。失敗学で学んだように、創造的思考のこの段階の作業行程においても、失敗することは避けられません。その失敗から学ぶことで、前回より今回、今回より次回と、よりうまく結びつけられるようになり、アイデアの種に互いのつながり（関係性）と始点から終点までの脈絡（筋道）を持たせられるようになるのです。

このような試行錯誤を創造学では「仮説立証」と呼んでいます。

仮説立証を何度も続けていくと、失敗から学ぶ機会も増えていきます。その失敗経験から得た体験的知識が蓄積されていくと、やがて「思考のけもの道」とも言えるような「アイデアの種と種の自然なつなぎ方」が見えてくるのです。

野生動物の多くは生存競争のなかでいろいろな経験を積んでいくうちに、警戒せずに安心して歩ける道、安全でいつでも使える便利な道を発見します。それが「けもの道」

です。体験的知識を蓄えて創造力に優れているひとは、この「けもの道」にも似た「安全でいつでも使える思考パターン」をいくつか持っているので、経験する失敗も少なくてすみますし、始点（課題）から終点（解決策）までを「思考のけもの道」でつなぐことで、ほかのひとよりも早く「解」に到達することができます。

ですから、みなさんもできるだけたくさん仮説立証（試行錯誤）に挑戦して、体験的知識を積むことで、「思考のけもの道」を発見できる創造力を培ってください。そうすれば、新しいものを創造する思考法の精度も速度も飛躍的に向上させることができるでしょう。

アイデアの脈絡に肉付けする「具体化」

新しい価値を創造する創造学の四つのクリエイティブなプロセスのうちの二つ、「アイデアの種を思考平面に落とす「孤立分散仮説の生成」」と「アイデアの種に脈絡をつける「仮説立証」」の作業を終えたら、次はいよいよ「アイデアの脈絡に肉付けする「具体化」」に取り組みます。

この段階のみなさんの頭の中には、何度かの仮説立証の結果、始点（課題）から終点（解決策）まで一つの脈絡（筋道・ストーリー）によって結びつけられたアイデアの種のつながりがあります。ただし、これらはあくまでも「アイデアの種」によって構成された抽象的なアウトラインとなっているはずです。

そこで、この「アイデアの種」と「つながり」の一つひとつを目に見える形にしながら肉付けしていくことで、創造的思考の全体を具体化していきます。

たとえば、私の専門である機械設計の場合、この段階に来れば、その製品の機能、機構や構造を考えて、各部品を組み合わせただけの「粗形」をつくります。何か新しい製品を生み出すための創造的思考の場合も、各要素の概要を見た目のレベルで表現する「粗形」をつくるイメージです。

機械設計のような〝ハード〟だけではなく、何かクリエイティブなイベントやサービスなどの〝ソフト〟を生み出そうとしている場合も同様です。たとえばイベントの場合、なんのために、どんなメンバーが、どこで、何をするのかなど、あくまでも大まかなレベルでいいので「粗形」をつくっていきます。

気をつけなければならないのは、この「具体化」の段階では、機械の耐久性や部品の素材、あるいは、メンバーのスケジュール管理や諸経費の計算など、あまり細かな部分まで決め込まないことです。

そこまでの具体性は次の段階で確認することになるので、この「具体化」のフェーズでは「こういうものがつくりたい」あるいは「こういうふうにしたい」などと自分の思いのまま自由に頭の中に描けばよいのです。

そして、アイデアの始点（課題）から終点（解決策）までの脈絡（筋道・ストーリー）がある程度まで具体的に描けたら、最後のプロセスに移行します。

アイデアを洗練・発展させる「仮想演習」

仮説立証によって始点（課題）から終点（解決策）までつながったアイデアの種は、脈絡（筋道）にそって各パートが具体化されると、創造的思考はほぼ完成したように思えてしまいます。

しかし、この段階は、私の専門である機械設計の世界で言うなら「頭の中で設計した機械がかろうじてなんとか動く状態」でしかありません。

商品開発のケースでたとえるなら「売れるか売れないかはわからないけれど、とにかく「商品」と呼べるものができた」という状態と同じ。イベント企画の事例で言えば「ひとが何人集まるかは関係なく、一応、イベントとして開催できるところまで漕《こ》ぎ着けた」という感じです。

ここまできた段階で「目標は達成できた」と思うひとがいるかもしれません。そんなひとは、いわゆる思考停止の状態と言わざるを得ません。そのような考え方では、いいものを創造することは難しいでしょう。

なぜなら、ただ頭の中で具体化しただけでは、まだ現実の世界で通用するレベルに達していないからです。

アイデアの種を脈絡のある「具体的な形」として成立させたこの段階で、やっと本当の創造のスタート地点に立てたと考えてもいいほどなのです。

では、次の段階としてやるべきことはなんでしょうか。

創造的思考の最後の仕上げとして必要な作業は、先の失敗学の「失敗経験の記録」の

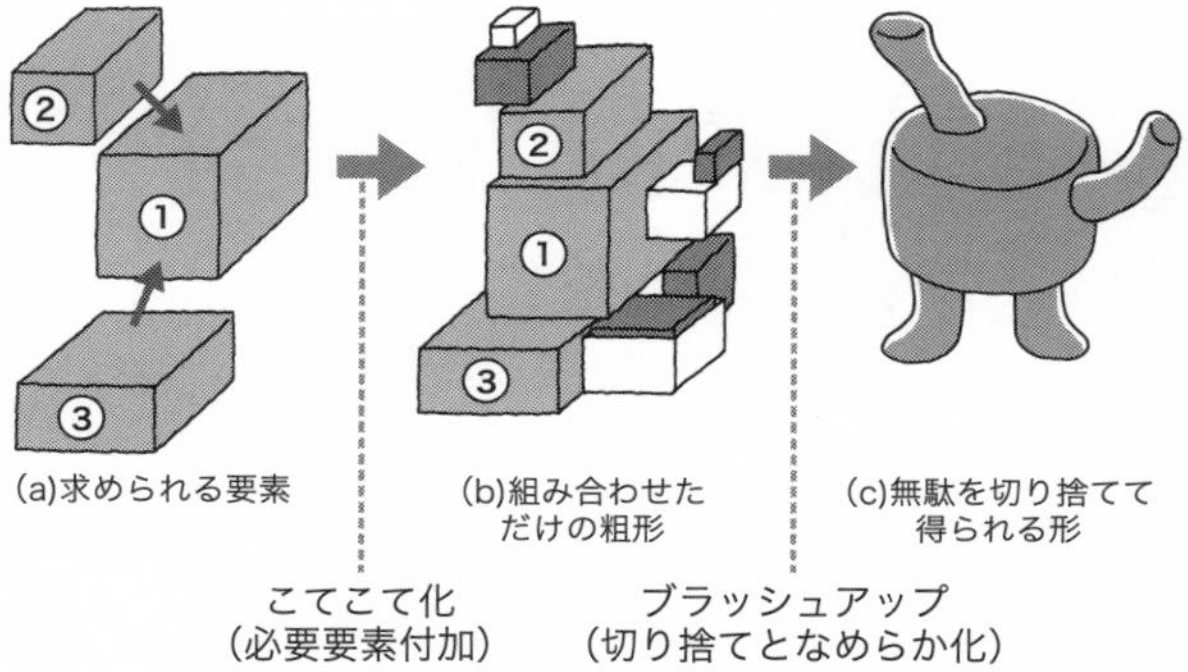

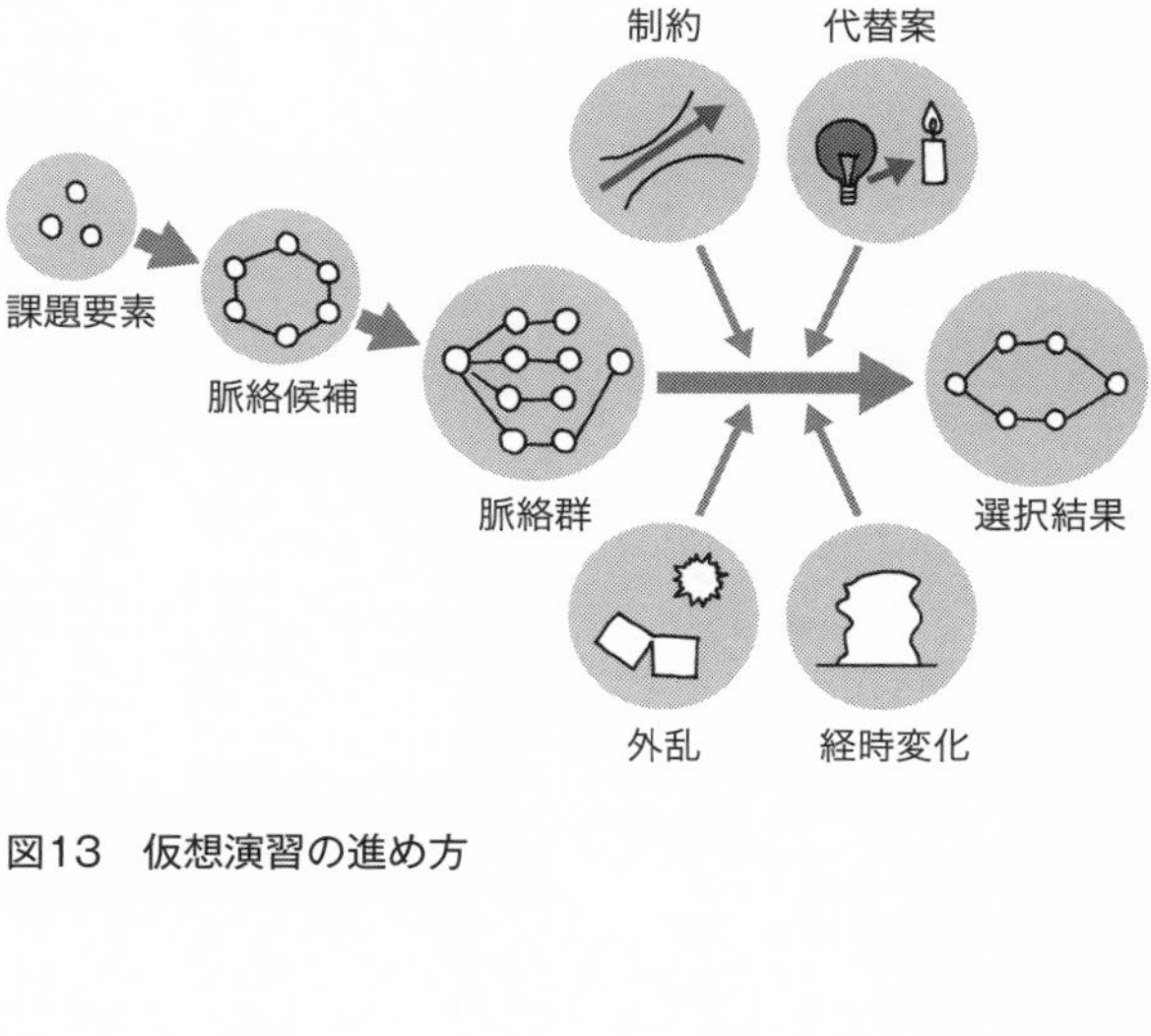

図13　仮想演習の進め方

解説のなかで「どんな状況にも対処できるように準備しておくための方法」として紹介した「仮想演習」です（図13）。

創造的思考のテーマが機械設計や商品開発でも、イベントや営業企画であっても、あるいは、たとえ映画や小説などの作品づくりだったとしても、いいものをクリエイトするうえで必須となる仕上げの作業は同じです。

それは、アイデアの種をつなげて具体化した最終形が本当に〝あるべき姿〟として完成しているか、何度も検討し直して、磨き上げていくことです。

とりわけ「思考」や「創造」をあまり得意としないひとがつくり上げたものには、無理な流れや無駄な部品、あるいは足りない部分などが多く見られます。

その無理、無駄、不足などを洗い出して、調整、削除、補完して現実世界でも通用する完成度へと高めるために、想定されるさまざまな状態や環境などを考慮しながら、何度も頭の中でシミュレーションを行う――それが「仮想演習」です。

無理、無駄、矛盾を発見して削除する

始点から終点までアイデアの具体化ができたら、最後の仕上げとして「仮想演習」を行います。ある程度まで具体化されたアイデアを頭の中で実際に動かしてみるのです。

具体的にどのようなことをするのか、機械設計でもイベント企画でも映画や小説などの作品づくりでも基本は同じなので、ここでは「新しい商品を企画するとき」を例にして説明してみましょう。

頭の中で完成した新商品について、どんな価格設定にすればたくさんの顧客が買ってくれるか、どんなデザインでどんな魅力を顧客に訴求するか、もし評判が悪かったら、そのときはどんなデザインに変更するのか、商品に対するニーズが変化したら、どのように対応するのか、など、いろいろな角度から商品を検討しながら、商品のアイデアの完成度を高めていきます。

頭の中でさまざまな環境や条件を変え、それぞれのケースでシミュレーションをかけることで、想定し得る課題や問題点をできるかぎり洗い出して、そのアイデアが内包していた無理、無駄、矛盾を排除していく「ブラッシュアップ」を行うのです。

この仮想演習を実践するとき、最も重要なのが「シミュレーションの中で起きた失敗や発見した欠点に真正面から向き合うこと」です。

創造的思考によって苦労してつくり上げた商品や企画は、発案者にとっては非常に大切なものなので、どうしても「良い面」ばかりに目が向いて、失敗や欠点には目をつぶりがちになります。

しかし、失敗しているところや欠点は、後に商品や企画を実際につくり始めたとき、必ず事故や不具合を起こす要因になります。

ですから、どんなに小さな失敗や欠点でも見つけたら決して過小評価することなく、仮想演習の段階でしっかりと真正面から向き合い対応することが求められるのです。

無意味なこだわりは捨てる

仮想演習にはもう一つ、重要なポイントがあります。

不要なアイデアの種はバッサリと切り捨てることです。

仮想演習では、頭の中で何度もシミュレーションをかけて、無理、無駄、矛盾をどんどん削ぎ落としていきます。

完成されていた脈絡の一連の流れから削ぎ落とされた欠損部分を埋めるために、他のアイデアの種を持ってきて、新たな脈絡を構築することもあります。そのとき、つい欲張ってたくさんのアイデアの種を取り込もうとするひとがいます。

「せっかく苦労して生み出したアイデアの種だから」という気持ちは理解できます。しかし、自分の生み出したアイデアの種を活かすことにこだわっていたら、新たな価値あるものを生み出すのが難しくなります。

創造的思考の脈絡は、シンプルであればあるほど実現性が高くなり、完成後の事故や失敗の可能性も低くできることを忘れないでください。

こだわってはいけないのはアイデアの種だけではありません。

最初に「できた！」と思った商品や企画のプロトタイプ（試作）についても、「せっかくここまで頑張ってつくり上げたのだから、なんとしても完成させたい」というこだわりも捨てましょう。無理して完成させたものは、のちに必ず亀裂やほころびが生まれて、結局、使えないものになる確率が高いのです。

何か不具合があって、無理せず解決できないようであれば、最初からつくり直すか、諦めてすべてを捨て去ってしまうか、いずれかの道を選ばなければ、クリエイティブな商品や企画を生み出すことなどできないのです。

ここまで「体験的知識からアイデアの種を生み、脈絡を持たせ、具体化し、シミュレーションすることで、新たな価値あるものをクリエイトする」という創造的思考について説明してきました。頭で理解することは非常に重要ですが、それだけでこの創造的思考を習得するのは至難の業です。

そこで、創造的思考を身につける方法として、みなさんにお勧めしたいのが「思いつきノート」です。

2 「思いつきノート」で創造的思考を鍛える

思いつきをアイデアに昇華させて記録する

私は普段から「思いつきノート」というものをつけています。専用のノートに思いついたことを記録して、必要なときに見返すことで、仕事や研究に生かしています。あくまでも自分のための「アイデアメモ」ですから、他人に見せることを前提としていないので、役に立ちそうかどうかは関係なく、とにかく思いついたことを書く「アイデアの日記」のようなものです。

私がこの「思いつきノート」を始めたのは、たしか高校二年生か三年生くらいのときでした。最初は単なるメモでしたが、思いつきをノートに書き続けていくうちに、ノートの取り方も進化して、やがて、いまの形式になりました。

「思いつきノート」の価値は、アイデアの記録が残ることだけではありません。「思いつきノート」を習慣的につけ続けることは、創造的思考の鍛錬につながり、「創造力」や「企画力」を高めることにもつながるのです。

「思いつきノート」に思いついたアイデアの種を書き留めて、そのアイデアの種を脈絡でつなぎ、具体化し、シミュレーションをかけてブラッシュアップする行程を踏むと、あとで読み返したときはもちろん、書いている最中も「自分の頭の中でどんなふうに創造的思考が実践されていくか」を客観的な視点から見ることができます。

「自分で何か新しい価値を生み出していくプロセス」を第三者的な客観視点で見つめ直

すことは、創造的思考の進歩を促し、より洗練されたアイデアを生み出す助けとなります。「継続は力」です。

みなさんもぜひ、この「思いつきノート」をつけ始めて、習慣化して、できるかぎり長く続けてください。そうすれば、ある時点で、自分の創造的思考が鍛え上げられ、豊かな創造力や企画力が身についていることに気づくことでしょう。

では、どんなふうに「思いつきノート」をつけていけばよいかについて、具体的に解説します。

紙に手書きがお勧め

内容についての詳細な説明はあとに回して、まずは「思いつきノート」の作業上の基本的な仕様から説明します。

今の若いひとたちはメモをとるときスマートフォンを使うのが主流で、ビジネスパーソンの場合はパソコンに打ち込むひとも多いでしょう。

しかし、「思いつきノート」は「紙に筆記具で書く」というスタイルを取ります。理由は、「思いつきノート」に内容を書き込むときには、簡単なイラストやそれぞれのテキストの関係性を線で結ぶなど、平面を自由に使って、二次元表現で記録していくことが多いので、ノートに鉛筆やシャープペンシル、ボールペンやサインペンなどの筆記具を使って書き込む方が便利で効率的だからです。

また、スマホやパソコンの場合、デバイスを新しくするときにデータの移行をしなければなりませんし、デジタルデータは何かのアクシデントで消えてしまい、再生できなくなることもありますが、紙の場合はそのものを紛失しないかぎり記録は残るので安心です。

「思いつき」を書き込む「ノート」は、大学ノートでも、手帳でも、コピー用紙でも、好きなものを選んでもらってかまいません。ただし、コピー用紙のように綴《と》じていないものは、バラバラになって管理しづらいので、バインダーなどにしっかりと挟んで綴じてください。

また、大きさも自由でよいですが、私の経験からアドバイスすると「A4」くらいの大きさが、書きやすく、保管もしやすいと思います。ちなみに私は高校生の頃からA4

の大学ノートを使っています。

「表題」はアイデアを表す概念

何かアイデアの種を思いついたら、「思いつきノート」では、その一つのテーマに対して、創造的思考のプロセスである「仮説立証」「脈絡」「具体化」「仮想演習」の四つのパートに分けて書き留めて行きます。

それぞれの詳しい内容については、のちほど解説します。

四つのパートそれぞれに共通で、紙の右上に西暦で「日付」、左上に「表題」を書きます。

「日付」は記録した年月日です。後から読み返したいと思ったとき、いつ頃に思いついたアイデアだったかをヒントに探そうとしたとき、日付がないと困ります。

「表題」を書く理由は二つあります。

一つは、内容を包括できること。タイトルをつけるためには、紙の上にバラバラに書かれているメモの内容を全体的にまとめて表す概念（言葉）を見つけなければなりません。それが、書かれている内容の上位概念を見つけ出す作業に直結するからです。

二つ目の理由は、表題が「インデックス」になること。思いついてからずいぶん歳月が経ってしまったあとでも、メモの内容の全体的なイメージを思い出せれば、この表題をキーワードにして探し出すことができます。

なお、この表題をつけ忘れたり、適当につけたりすると、あとでとても困ることになります。表題がなかったり、いい加減だったりすると、必要になって探したとき、すぐに見つからなかったり、あるいは、乱雑なメモを眺めても、何のことだかわからず、せっかく記録したアイデアが役に立たなかったりします。私自身、このような失敗を何度も経験しているので、みなさんは十分に注意してください。

それでは「仮説立証」「脈絡」「具体化」「仮想演習」それぞれ四枚の「思いつきノート」の具体的な書き方について見ていきましょう。

一枚目は「アイデアの種を書く」

ふと思いついたグッドアイデアを創造的思考で発展させるのか、考えなければならない課題を解決したいのか、動機はなんでもかまいませんので、「思いつきノート」に書くテーマを決めます。

このときのテーマの選び方は自由です。

料理のレシピや大切な人に贈るプレゼント選び、デートコースの設計、学校のイベント開催の作業行程、テストに備えた勉強プランの立案、パーティーや旅行の段取り、結婚式の二次会や新年会・忘年会の式次第の作成、新商品や新サービスのコンセプトデザイン、会社経営からIR、M&Aの手法まで、事の大小や公私は問いません。あなたが創造的思考でアイデアを現実化したいと願うテーマならなんでもよいので、まずは自由に考えてみることから始めましょう。

漠然とでもいいのでテーマが設定できたら、一枚目の紙に、頭に浮かんだ名前や言葉をどんどん書いていきます。順番も意味の軽重も関係ありません。思いつくまま、なんの脈絡もないままに、とにかくランダムに書いていくのです。

これが創造的思考のところで説明した「アイデアの種を思考平面上に落としていく作業」に当たります。コツは、余計なことは一切考えないで、ただ頭に浮かんだことを機

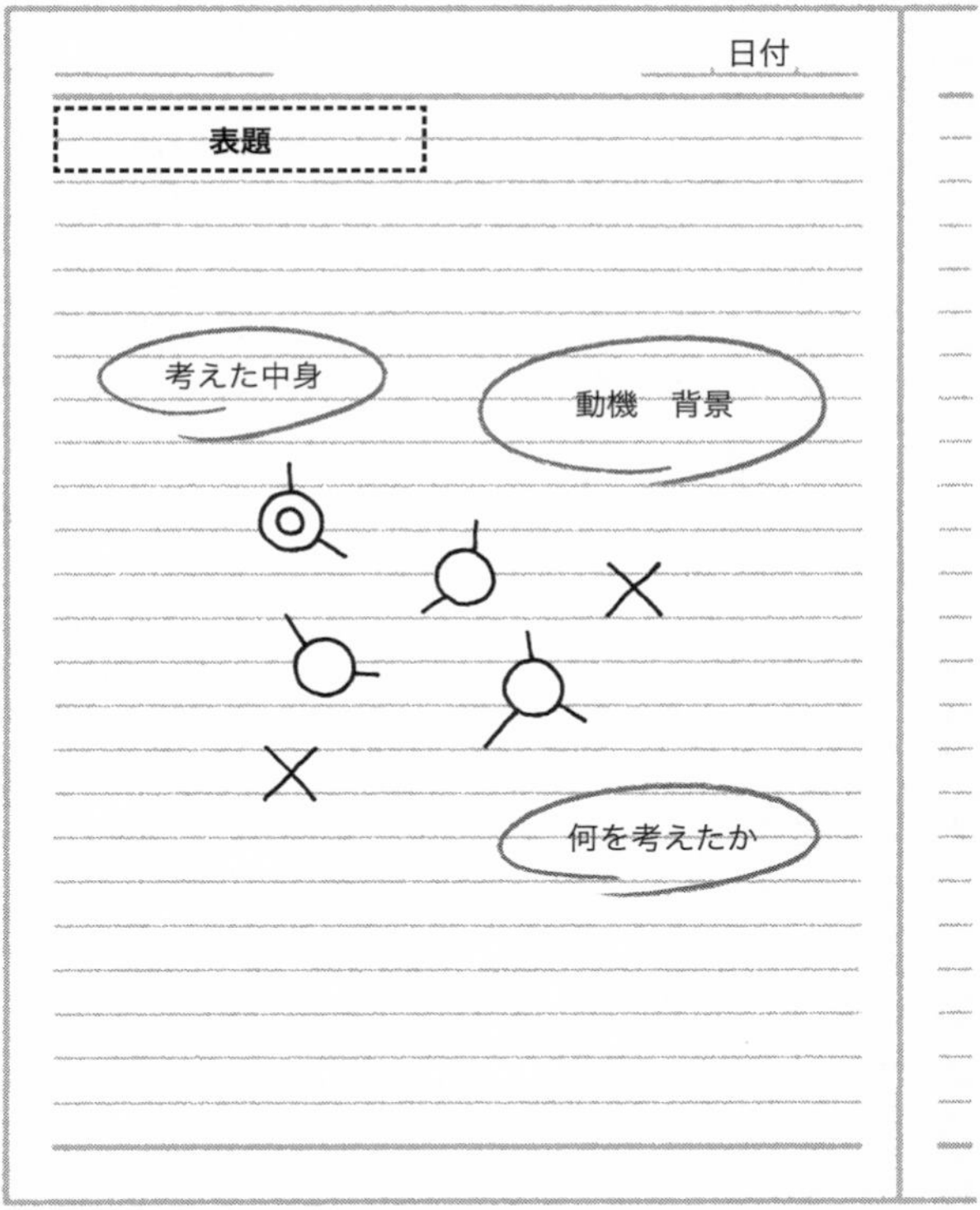

図14　思いつきノートには西暦で日付を書き、表題を必ずつける。あとで見直した時にその時に考えていたことがすぐ分かるように思考を見える化する

械的に紙の上に書き留めていくことです。湧き出たアイデアの種に手を加えず、そのまま記録した方が、後で脈絡をつけやすいのです。

この作業を終えた時点で、紙の上にはアイデアの種がバラバラに散らばった状態になっています。これが創造的思考のところで説明した「思考平面上に孤立分散仮説が並んでいる状態」です（図14）。

最後に、なぜこのテーマで「思いつきノート」を書こうと思ったのか、その動機と背景を書き添えます。

「動機と背景なんて、どう書いたらいいんだ？」と頭を抱える必要はありません。これは時間が経ってから読み返す自分に対してのメッセージですから、大まかな内容でかまいません。

たとえば、テーマ（表題）が「プレゼント」のとき、動機は「彼女の誕生日に喜んでもらえるプレゼントを贈りたい」、背景には「以前送ったクリスマスプレゼントのウケが悪かった」という具合です。

あるいは、テーマ（表題）が「お金儲《もう》け」だったとしたら、動機には「自分が金持ち

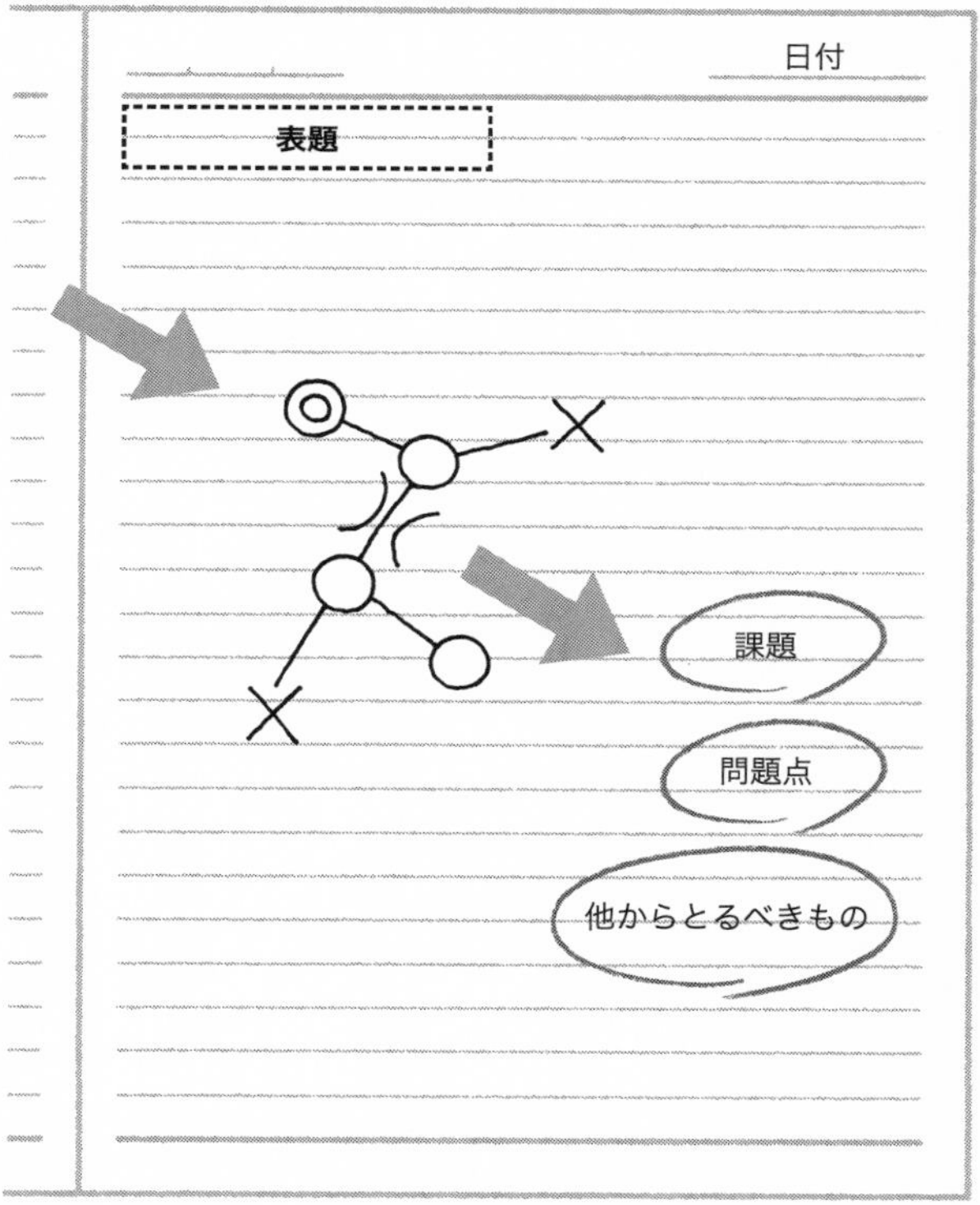

図15　アイデアの種に脈絡をつけていく

になるための方法は何か」、背景には「将来の夢を語り合っていたら、友人の○○が「俺の夢は金持ちになることだ」と言った」とでも書いておけば十分です。

ここまでできれば、次の二枚目に移ります。

二枚目で「脈絡をつくる」

二枚目には、創造的思考でアイデアの種に脈絡をつける「仮説立証」を行います。言い換えれば、一枚目で、思考平面上にランダムに落ちてきた孤立分散仮説（アイデアの種）をつないで、そこに脈絡（筋道、ストーリー）をつくる作業です（図15）。

最初に決めたテーマ（表題）を始点（スタート）として、いくつかのアイデアの種をたどりつつ、終点（結論）までの流れ（脈絡）をつくります。具体的には、一枚目の「思考平面上にバラバラに並んでいてる孤立分散仮説」を見返して、関連のありそうなアイデアの種を小さなグループにまとめたり、そのグループと関係ありそうな別のグループとつなげたりしながら、大きな一つの流れ（脈絡）に整えていきます。

複数のアイデアの種や始点から終点までのストーリーが整理されてゆくと、最初に掲げたテーマ（表題）に関して、漠然と向かうべき方向性が見えてきます。

さらに作業を進めていくと、このアイデアを実現するために解決しなければならない課題や問題点があぶり出されるようにいくつも現れます。それと同時に、ゴール（目標）にたどり着くためにはどんな体験的知識や周囲の援助が必要になるのかも理解できるようになるのです。

この「アイデアの種に脈絡をつける」という仮説立証を行うことで、取り組むべき課題が明確化します。

ここで強調しておきたいことがあります。

第三章の「2　失敗で体験的知識を身につける」の「見本（答え）のないものを作る授業」のところでも触れましたが、「自分で課題を設定すること」は決して簡単なことではありません。創造的思考の相当な熟練者でもないかぎり、自分自身で課題を設定するなど難しくてできないのです。

しかし、「思いつきノート」を習慣的に書くようになれば、最高難易度の「課題を設定する」という能力がオートマティックに身についていきます。

もし、自分が何をすればいいのか、何をしなければならないのか、わからなくなったとき、「思いつきノート」は自分が取り組むべき真の課題を発見するための便利なツールとしても活用できるのです。

三枚目は「具体化する」

「思いつきノート」の三枚目では、アイデアの種のつながりにより詳細なイメージで肉付けすることで、アイデアを「具体化」します（図16）。

二枚目で発見した真の課題をもとに、部品の組み合わせや仕組みの構築、計画や企画の立案など、目に見える形にまで肉付けして、動かして機能を発揮できる状態、進行させてエンディングまでたどり着けるフレームワークまで構築します。

この作業を行ううえで、必ず守らなければならないのが「常にポジティブな姿勢を維持すること」です。

たとえば何か新しい商品を企画するとき、現実の世界を想定するとつい「こんな企画はもう誰かがすでに考えついているだろう」とか「これと似たようなものはきっと誰か

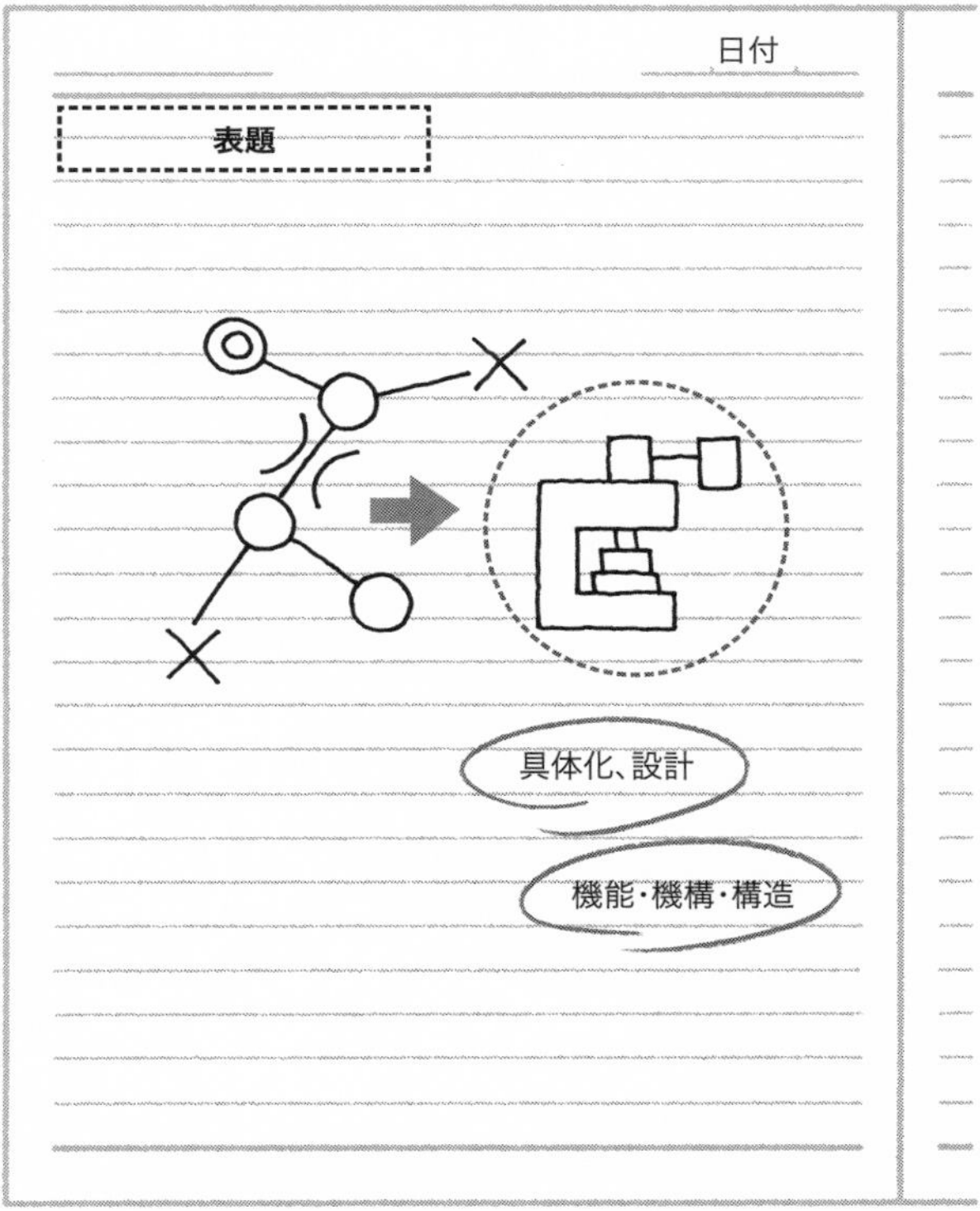

図16　アイデアをより具体化していく

が売っているはずだ」というふうに、実際につくる前からネガティブな考え方に陥ってしまうことがあります。

そうなると、せっかく新たな価値あるものを生み出せるかもしれないのに、その大いなる可能性を自分から潰《つぶ》しにかかっているようなものです。このような否定的かつ消極的な姿勢では、クリエイティブな生き方ができるはずがありません。

実際に「思いつきノート」に書き始めたアイデアとまったく同じアイデアがすでに他人によって実現されていたとしても、個人的にアイデアを「思いつきノート」に記録することには全く問題ありません。

もし、途中で投げ出してしまったら、そこに付随して新たに生まれ蓄えられたはずのアイデアの種すらも失うことになります。

何より、「思いつきノート」の最大の効用の一つは「自分で課題設定する能力を身につけながら、創造的思考力を向上させること」なのですから、自ら否定的な制約をつけたりせず、自由な発想のもと、肯定的かつ積極的な姿勢で臨むべきなのです。

四枚目で「洗練・発展させる」

「思いつきノート」の四枚目では、仮想演習によってアイデアを洗練・発展させます。三枚目で肉付けされて、ある程度は具体化されたアイデアが、創造的思考の最後のプロセスを実行することで、より実現性の高いアイデアへと磨き上げられます。

頭のなかで何度も動かして、あり得る失敗や事故を故意に起こしていくことで、課題や問題点を洗い出します。そのときの数々の〝気づき〟に基づいて、アイデアが内包していた欠陥を補い、無理、無駄な部分を排除して、より完成度の高いアイデアへとブラッシュアップしていくのです（図17）。

一方で、課題や問題点を解決していく仮想演習のプロセスを通して得た〝気づき〟には、失敗や事故といったネガティブな要因を排除するリスクヘッジだけでなく、「より速く動かすことができる」「もっとたくさんのひとから好評を得られる」などの〝可能性〟も発見できるというポジティブな効果も期待できます。

その結果、不備をチェックするだけでなく、さらにアイデアを発展させることもできるのです。

仮想演習のシミュレーションは、できるかぎり具体的かつ多面的に行いましょう。たとえばテーマが「学園祭の出し物の企画」であれば、「やりたいことは何か」「やれることはどこまでか」「どんなひとたちにウケたいのか」「そのためにどんな内容にするのか」「参加メンバーそれぞれの役割分担は？」「どれくらいの予算が使えるのか」「どの場所を使えるのか」「舞台装飾はどこまでできるのか」「音響は？」「衣装は？」「全体のスケジュール管理はどんな形で行う？」など、詳細に課題を設定して、それぞれについての解決策を発見することで、全体的なアイデアをより優れた形に洗練させていくと同時に、テーマをより魅力的な方向に発展させていきます。

これで四枚からなる「思いつきノート」の記述は完了となります。

ただ、「思いつきノート」の仮想演習には「上級編」があります。

「思いつきノート」には創造的思考を鍛錬する効果もありますが、基本的には「あとで必要になったときに見返すネタ帳（記録）」として保管されます。しかし、いざ「思いつきノート」で書いたアイデアを実際に活用して新たな価値あるものを実現させようとしたときには、もう一つ、四枚目の作業としてやっておきたいことがあります。

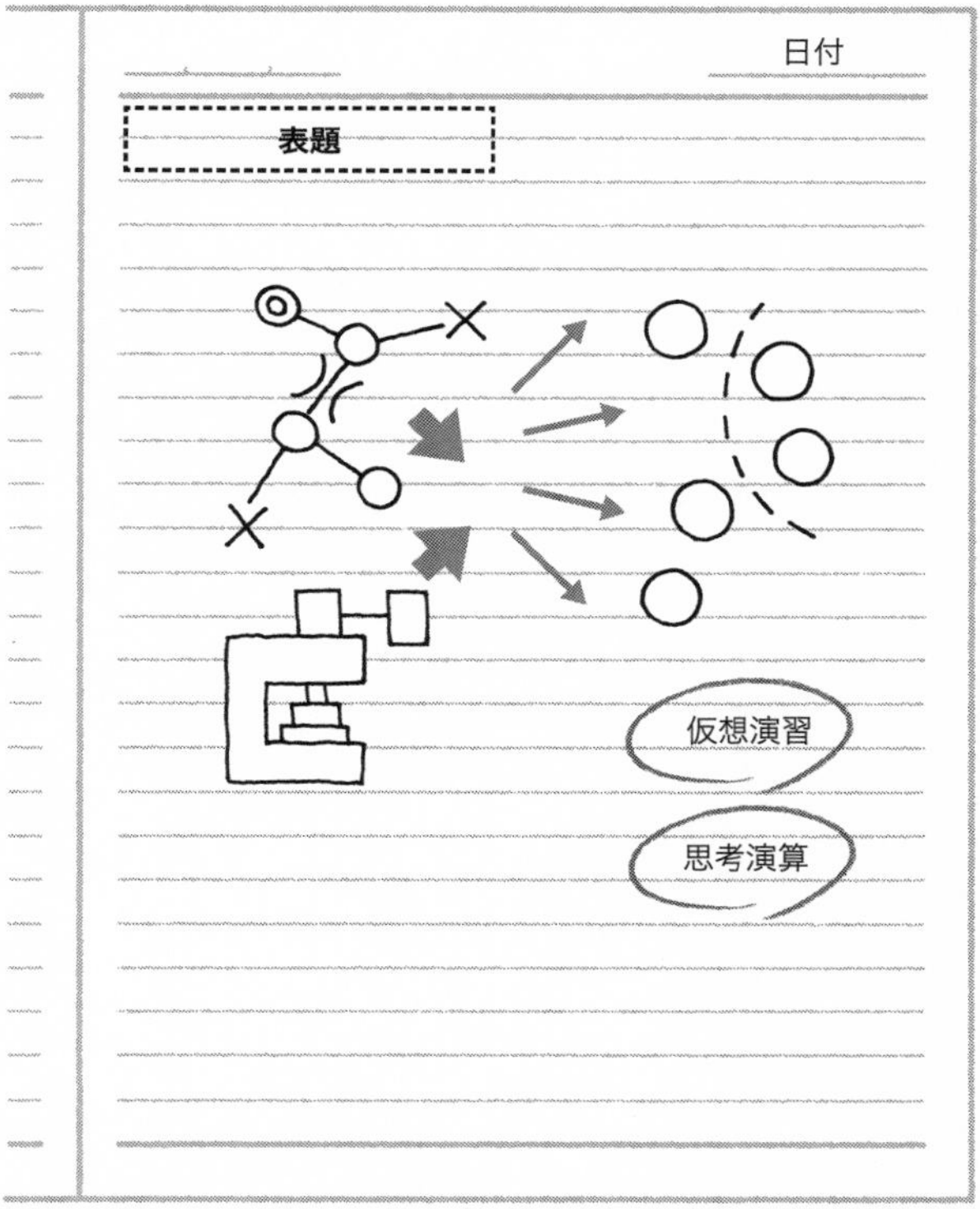

図17　アイデアを洗練・発展させていく

それは「第三者の協力のもとで行う仮想演習」です。

信頼できる第三者と仮想演習する

仮想演習でシミュレーションを行うとき、もともと自分の考えたアイデアですから、いくら客観的な視点から見ようと思ってもそこには自ずと限界があります。そこで、四枚目でほぼ完成に近い形でまとめたアイデア（企画）を他人に話して、第三者の客観的な立場から批評・批判してもらうのです。

このとき注意しなければならないのは、そのアイデアを話す人物の選定です。

アイデアというものは、実際に世に出て、多くのひとから受け入れられると、途方もない成功事例に大化けしたり、莫大《ばくだい》な利益や高い名声をもたらすことがあります。ですから、頭に浮かんだときには「大したものではない」と思えたアイデアだったとしても、油断してはいけません。あなたの貴重なアイデアを話す相手は、他人のアイデアを盗むような人物ではなく、誰かに口外もしないひと、つまり、絶対に自分を裏切らないような人物を選んでください。

自分が心から信頼できる第三者を選んだら、四枚目でまとめたアイデアについて話して、忌憚《きたん》のない意見や客観的な批評を求めます。

ここでもう一つ、ぜひ意識してほしいのは「決して途中で言い返したり否定したりせず、話をきちんと最後まで聞いて、相手の批評や批判を真正面から受けとめる」という心構えです。自分が一生懸命に創造した新商品や企画を他人から批判されるのは、正直、気持ちのいいことではありません。他人が言われているのを横で聞いているときにはなんとも思わなかったような批評や批判でも、自分が言われるとつい「そんなことはない」とか「そうかもしれないけど」とか「なんだって！」などと、否定したり、言い返したり、ひどいときには怒ったりしたくなるものです。

しかし、「自分のアイデアを第三者の客観的な批判の眼にさらす」という厳しい試練に耐えることができれば、アイデアは研ぎ澄まされ、より実現性が高まり、実際に世の中に出たときに強さを発揮できます。批評や批判を受けたひとの創造的思考も鍛錬され、自分で客観的な第三者視点を持とうとしたときに役立つ体験的知識も蓄えることができます。また、批判や批評に対しての忍耐力も養われ、人間的な成長も期待できます。

そんなメリットの大きさを考えれば、批評・批判されたときの一時的な不快感など、どうでもいいことです。

「思いつきノート」を見返して、そこに記録されたアイデアの実現化を考えているということは、そのアイデアがいつの日か世に出ることを意味しています。実際にアイデアが実現されて世の中に出たときには、確実に、さまざまなひとたちから吟味され、評価され、批評され、批判されます。下手をすると、匿名の人々からネット上で、いわれのない非難や誹謗《ひぼう》中傷を受けるリスクさえあります。

もし、この段階で課題や問題点を徹底的に洗い出して、削除し、ブラッシュアップしておかなければ、実社会にリリースしたあと、欠点や弱点をあげつらわれて、袋叩《だた》きにあい、大恥をかかされることは目に見えています。それなのに、アイデアの段階で信頼できるひとからの愛情ある批評や批判に対して拒否反応を起こして拒絶するなど、愚の骨頂ですから、信頼できる人物がいる場合は、できるかぎり、この「第三者も加えての仮想演習」の実践をお勧めします。

これで「思いつきノート」の取り方と活用法についての説明は終わりますが、実は、この「思いつきノート」の三枚目の「アイデアの具体化」と四枚目の「洗練・発展」という作業については、全く別の考え方で整理して具現化する方法があります。

それが、創造的思考のもう一つの柱となる「思考展開図」です。

3　思考展開図で頭の中のアイデアを整理する

「思いつきノート」と「思考展開図」の考え方のちがい

私が最初に「思考展開図」の原型を思いついたのは、三十代後半でした。

私の研究の専門分野である機械設計において、自分が何か新しいものをつくり出そうと考えたとき、そのアイデアの発想から完成までのプロセスを自分で具体化していく過程において、あるいは、自分以外の第三者に伝えようとしたとき、いわゆる「抜け」や「漏れ」や「矛盾」する部分をどうやって見つけ出せばいいのか、研究室で学生たちとよく議論していました。何度も重ねた議論のなかで、「こうすれば自分の考えも整理できるし、誰かに正確に伝えることができるんじゃないか」という発想が生まれ、発展して、やがて思考展開図の考え方の原型にたどりついたのです。

ただし、完成させるまでには十数年の歳月がかかり、現在のような形で思考展開図が書けるようになったのは、私が五十代になってからのことでした。

自分の頭のなかで、ある一つのテーマを実現させるための新たな商品やサービス、イベントなどを生み出すための創造的思考という点では、「思いつきノート」と「思考展開図」は似ているように思われます。しかし、この二つがアイデアを具体化・実用化するための思考のアプローチは、全く別のものであることに注意が必要です。

「思いつきノート」は、日々頭の中に浮かぶアイデアの種を実現可能な具体案へと仕上げていくための思考法です。

一方、「思考展開図」は、すでに自分の頭の中にはあるが、きちんと整理されていないがゆえに第三者に正確に伝えることができないようなアイデアを分析・整理して、思考展開図のわかりやすい「構造」に落とし込むことで、自分の考えていたことの全体像を把握して、より理解を深めるための思考法です。

言い換えれば、思考展開図とは頭の中に浮かんだアイデアを俯瞰《ふかん》して、その全体像を構造化することで、「こういう考えを成立させようとすれば、実際にどういう事柄を実現・実行しなければならないのか」をもれなくチェックするためのフォーマットと言えます。つまり、思考展開図は「自分の頭の中でアイデアを実現化するプロセスを〝見える化〟するための図」なのです。

信頼できる第三者の協力を得て仮想演習するための準備段階では、「思いつきノート」の四枚目までで仕上げたアイデアについて、この思考展開図で「アイデアを具体化するための行程」の全体を俯瞰しながら細部までチェックすることができます。

思考展開図は、より効率的に高い精度で客観的な仮想演習を実施するためのツールとしても活用できるのです。

では、思考展開図がどのような形でアイデアの構造化を行っているのか、具体的に説明しましょう。

立体的に進む「思考展開」

ここでは、どのような「思考展開」を行って、どのような形の「思考展開図」に落とし込んでいくかについて、概念としてのレベルで解説します。

もし、「具体的な事例がないとうまくイメージできない」という場合は、あとで思考展開図の実例の図（図20）を使っておさらいしますから、そちらの図を参照しながらここから先の解説を読んでいただいても結構です。

まずは思考展開について説明します（図18）。

図18のように、創造的思考は左（スタート）から右（ゴール）へと展開します。始点（スタート）となる「要求機能」とは、最終的にどんなことを実現したいのか、どんな問題を解決したいのかという「企画テーマ」です。

次に、この「企画テーマ」を《分析》して「機能」、つまり「企画テーマ」を実現するためにクリアしなければならない「課題」を浮かび上がらせます。

「課題」はいくつか提示されますが、そのままだと抽象的な意味合いにとどまっています。さらに細かく「機能要素」、言い換えれば「課題要素」という形に《分解》することで、解決策が必要な課題の一つひとつを明確化します。

ここまでのカテゴリーを「機能領域」と呼びます。平たく言えば、形の見えないアイデアの状態で創造的思考を推し進める思考のカテゴリーです。

次の段階で、この「機能領域」から「機構・構造領域」へと全く次元のちがうカテゴリーへと進みます。そのために《写像》という特殊な操作が行われます。《写像》とは「形のない（目には見えない）もの」のエッセンスを現実の世界に投影することで、部品や実際に動かすシステム、あるいは現実の世界で起こす行動など「形のある（目で見える）もの」へと変えることを意味しています。

この《写像》によって、創造的思考は「機構・構造領域」へと進み、洗い出され明確化された多数の「機能要素（課題要素）」を実現するための手段としての「機構要素（具体的な解決案）」に転化されます。

「機能領域」とは逆に、「機構・構造領域」での創造的思考は、次第に構成要素を統合してゆく形で進みます。

次の段階では、いくつも案出された「機構要素（具体的な解決案）」のなかから最適と思われるものを選択・決定します。それらに具体的な属性を与えて「構造（具体案）」という「実際に推し進めるべき企画」として《展開》します。

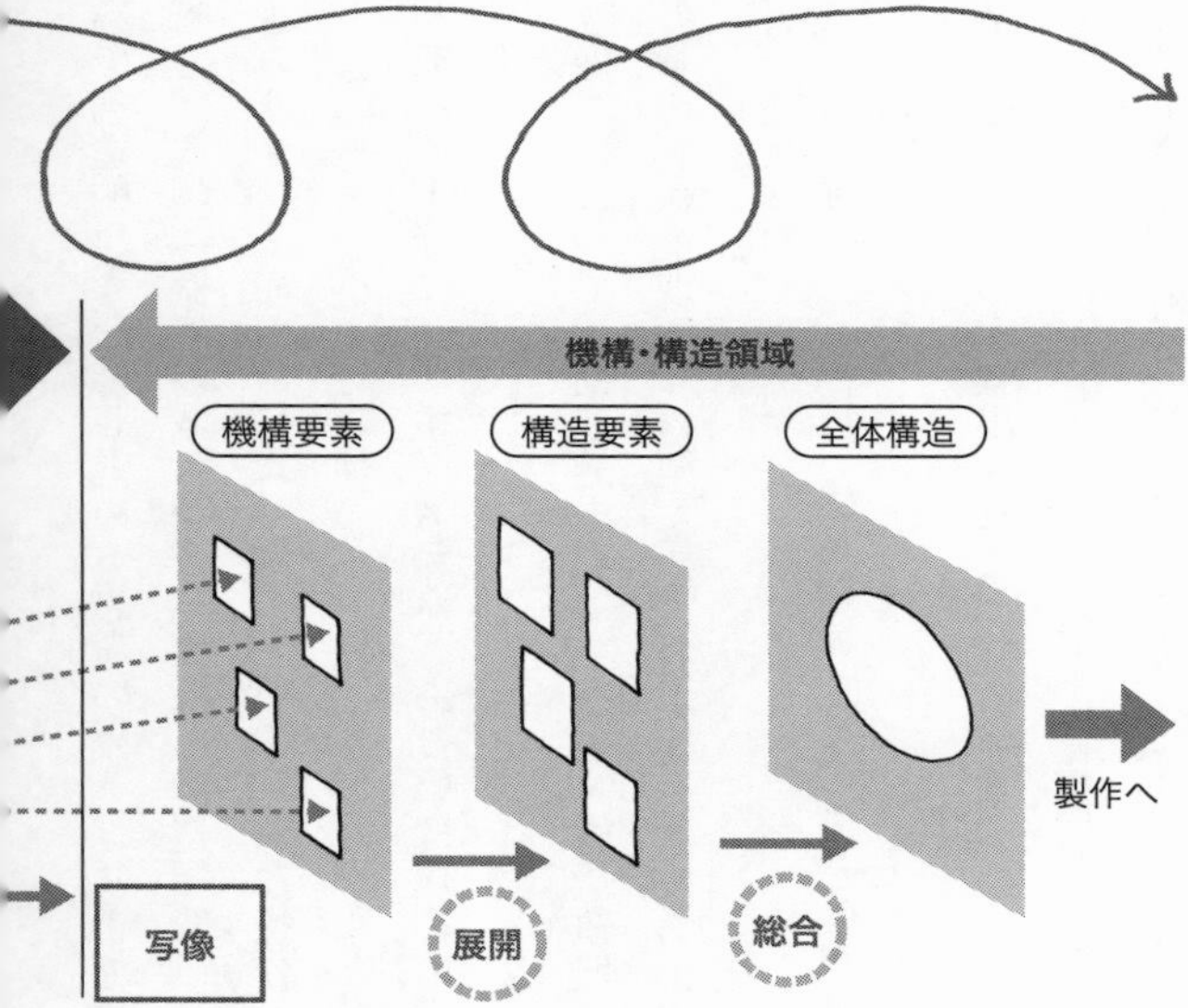

機構・構造領域
機構要素
構造要素
全体構造
製作へ
写像
展開
総合

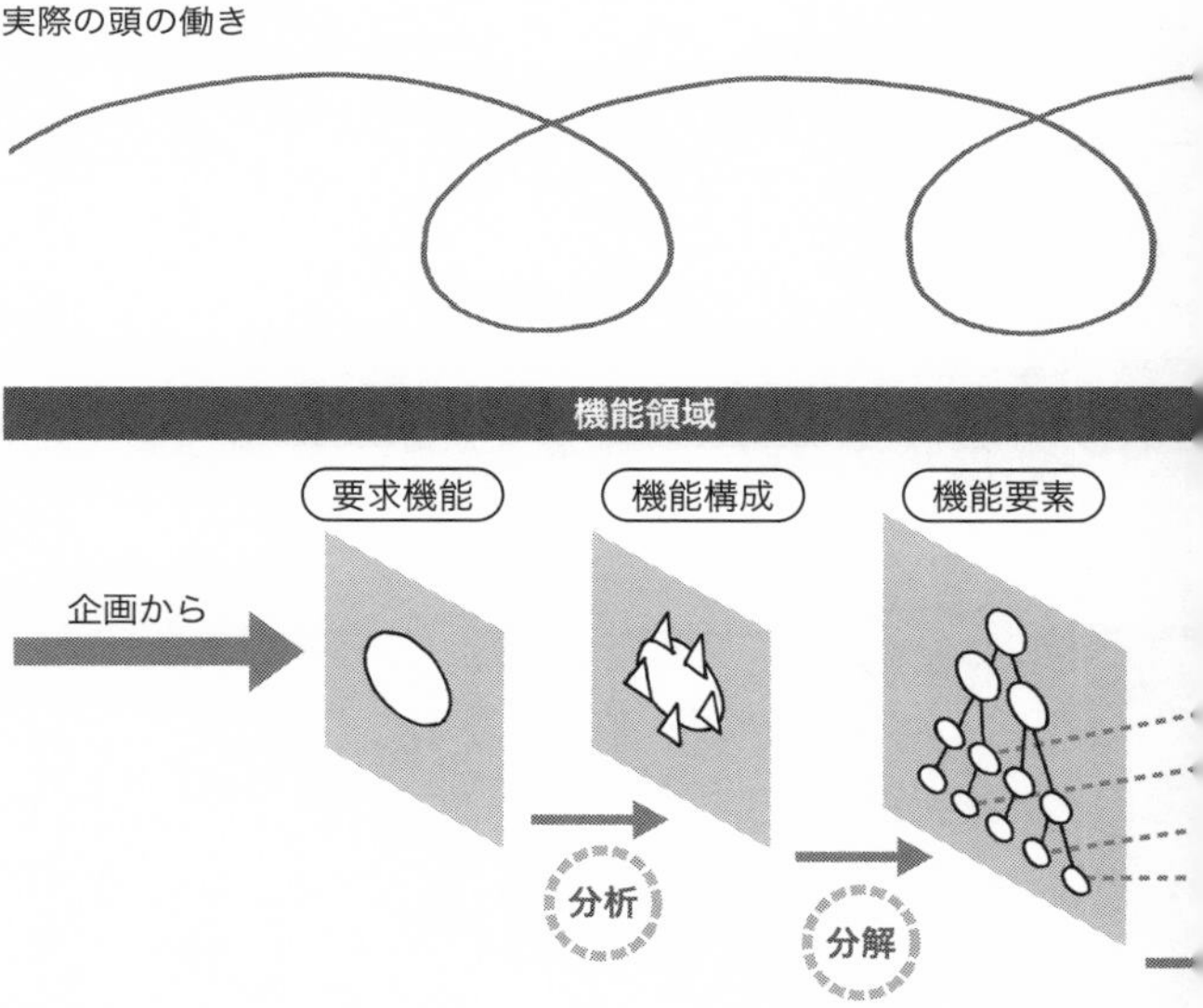

図18　創造的思考の進め方

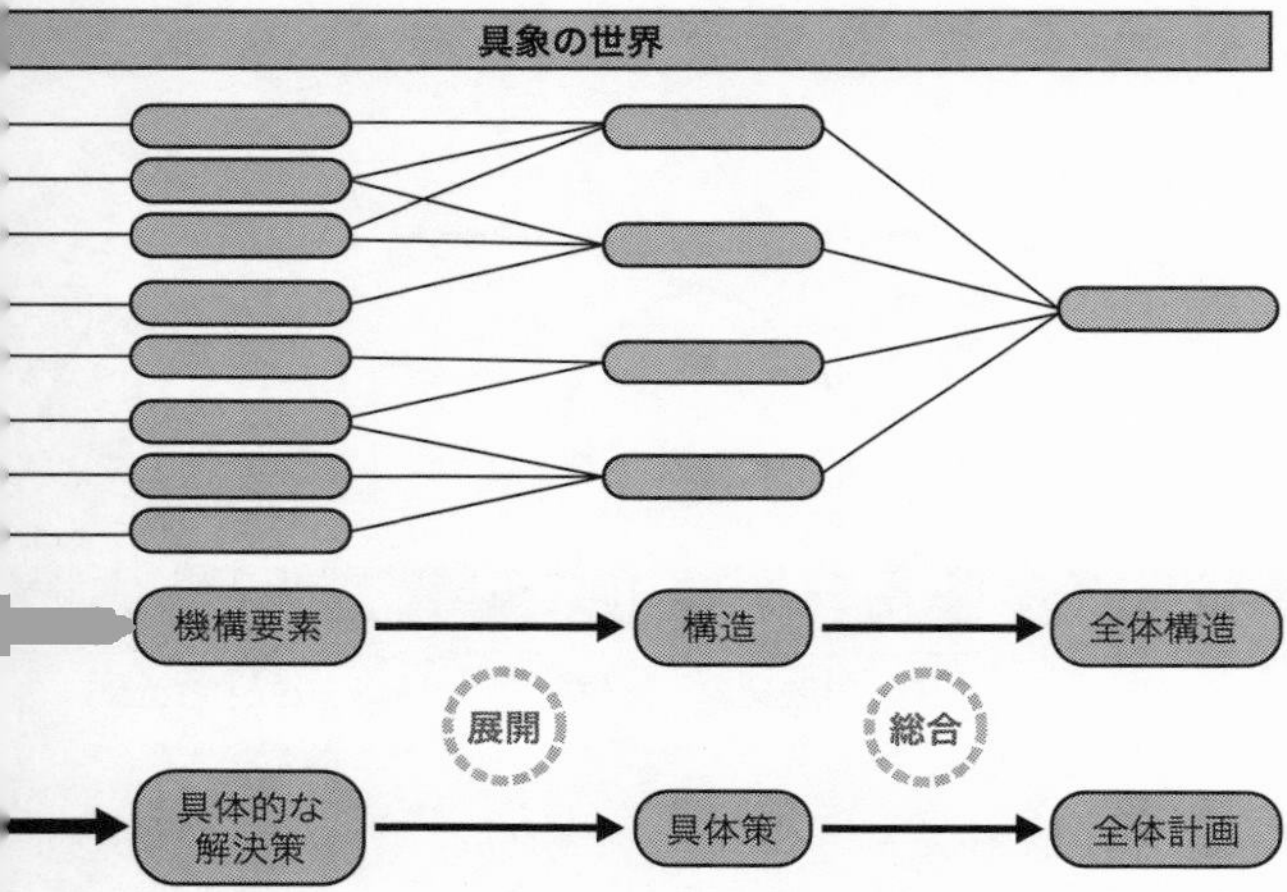

そして、最終的なプロセスとして、この「構造（具体案）」を総合したものを「全体構造（全体計画）」として定めるのです。

ひとが「思考展開」するときは、まるで〝らせん〟を描くように、立体的な頭の動きで考えを進めます。だからと言ってらせん状の立体的なメモにして書くのは非常に困難です。第三者に「思考展開」を伝えるときも、立体的な図では理解しづらいでしょう。

そこで、この「思考展開」の全体像をわかりやすくするために、それぞれの情報を平面上の図に落とし込んだの

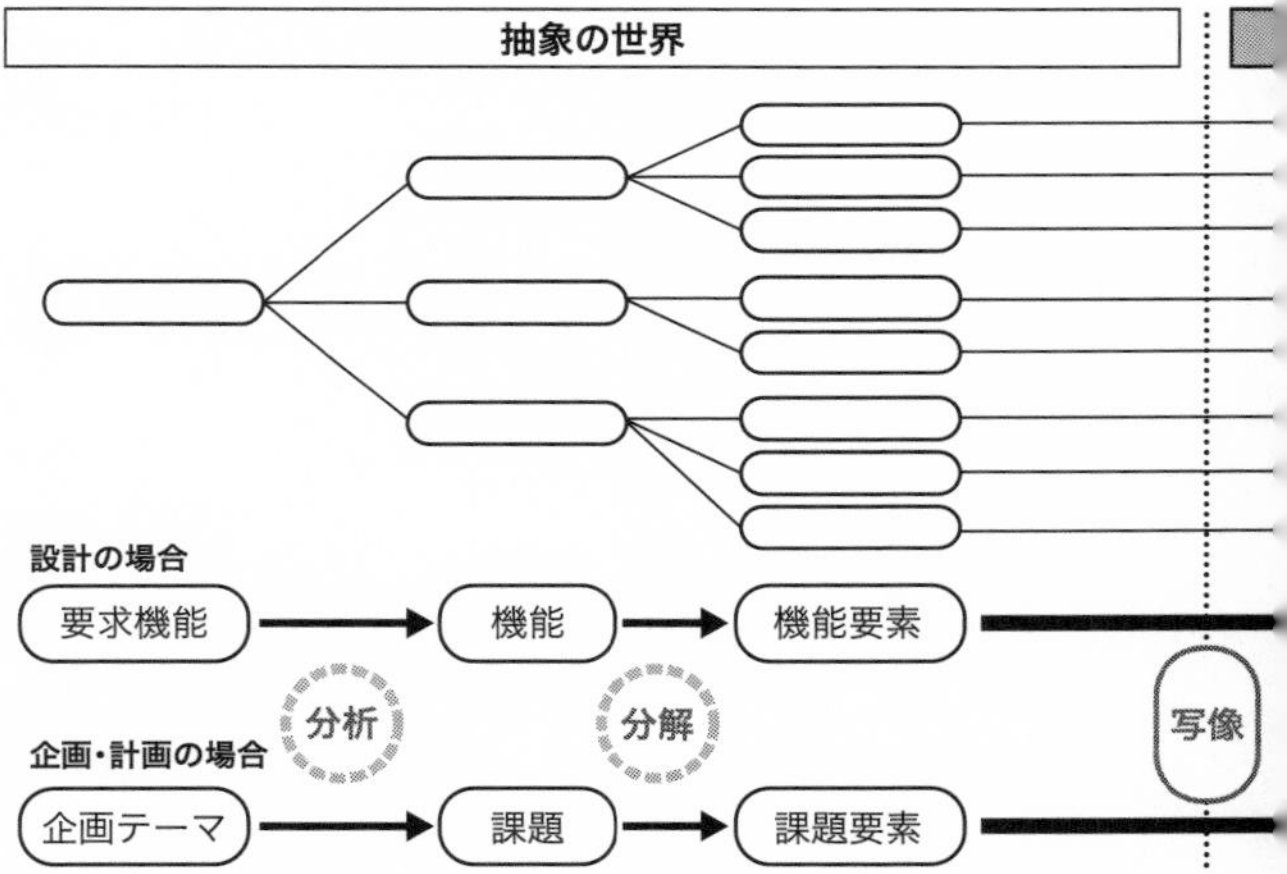

図19　思考展開図。チャート式で考えていく

が「思考展開図」です（図19）。

この図は左から右へ進んでいくチャート形式の図として表されます。

さて、これまで私の専門分野である機械設計の例で説明してきましたが、この図の下の部分を見てもわかるように、この「思考展開」と「思考展開図」は、受験勉強の計画を立てたり、学園祭の出し物の式次第を制作するなど、一般的なアイデアを現実化して具体的な企画案（全体計画）を決めるときにも活用できます。

しかし、「概念だけで説明されてもイメージがわかない」というひともいるかもしれません。

そこで、「思考展開」と「思考展開図」の仕組みの理解をより深めるため、先にも触れたように〝具体的な事例〟としての「自動車の開発における思考展開図」を使って、ざっとおさらいしてみましょう。


「ひとを乗せて運ぶ」というテーマが「自動車」になるまで

まずは図20を見てください。

これは「自動車」に関する思考展開図です。

要求機能（企画テーマ）は「ひとを乗せてどこかに運ぶ」です。

このテーマを実現するために分析して、クリアしなければならない条件を考えると「ひとを乗せる」ことができないといけないし、人力ではなく何らかの「動力で走る」必要などがあります。

これらの機能（課題）をより詳しく分解すると、ひとを乗せるためには「ひとが座れる」ようにしたり「風をよける」必要もあり、「動力で走る」ためには「燃料を燃やして力を出す」ようなものや「回転の力を伝える」仕組みが不可欠だとわかります。

ここで概念的な要件を《写像》によって実際のモノやコトに転化すると、ひとが座る「シート」や風をよける「フロントガラス」、燃料で動く「エンジン」や回転を伝える仕組みの「プロペラシャフトと差動歯車」という機構要素の開発と製造が求められます。これらの要素を「車体」や「駆動系」という「構造」として展開します。

そして、それらのすべてを総合すると「自動車」という全体構造（全体企画）にまとめられるわけです。

このように、頭の中に浮かんでいるものを思考展開図の各セルに書き込んで、全体を俯瞰してみると、どのプロセスが抜けていて、どんな要素が足りないのか、一目瞭然になります。

この思考展開図を利用すれば、頭の中で混沌《こんとん》としていたアイデアが整理されると同時に、より具体的なレベルでの仮想演習が実行できるのです。

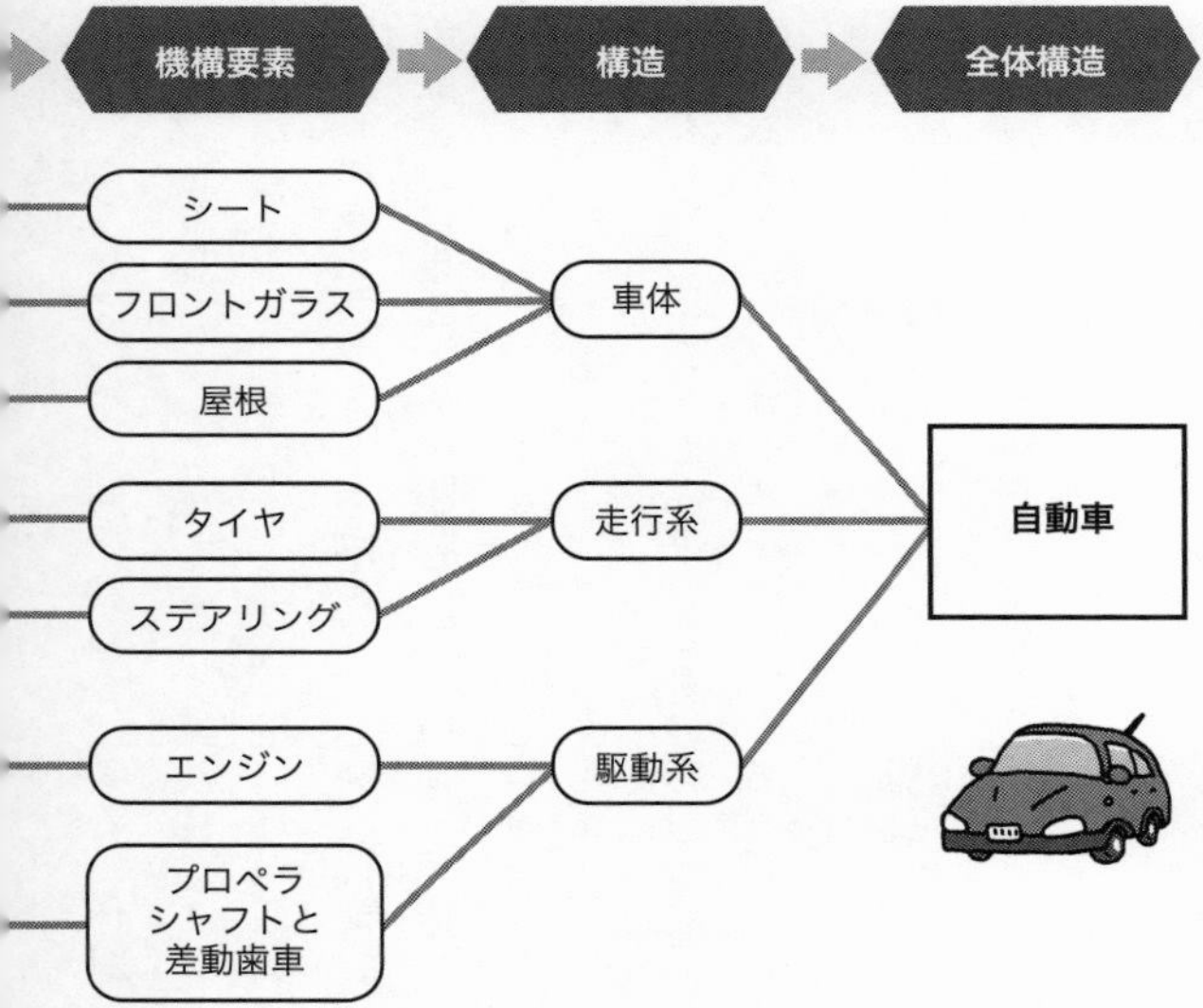
機構要素
構造
全体構造
シート
フロントガラス
屋根
タイヤ
ステアリング
エンジン
プロペラ
シャフトと
差動歯車
車体
走行系
駆動系
自動車

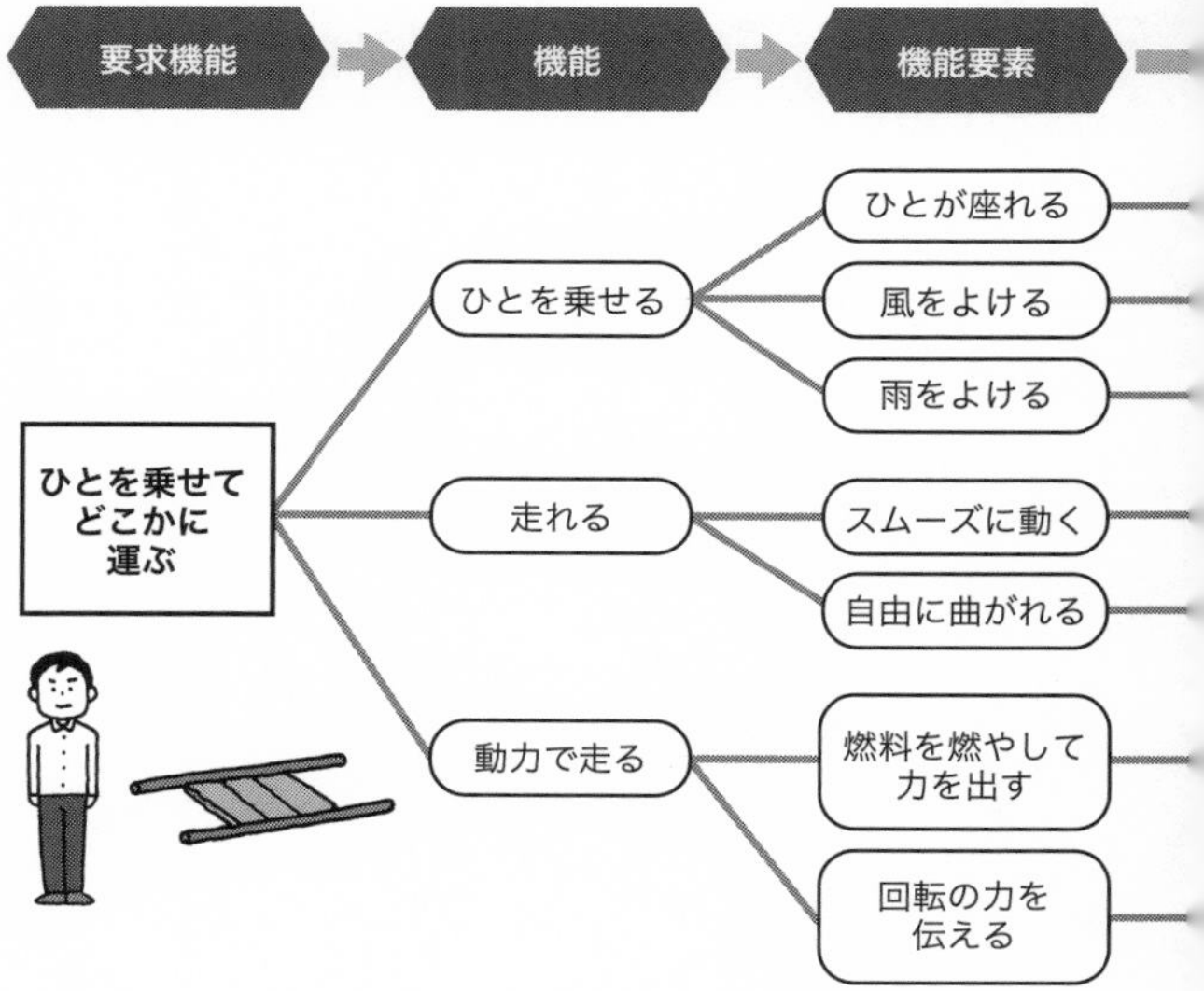

図20　自動車に関する思考展開図

創造的思考でクリエイティブに生きる

ここまで、私自身の個人的な研究や、学生の指導経験を通して発案した「思いつきノート」や「思考展開図」といった創造的思考をサポートする手法について、私の専門分野である機械設計の世界を基にして解説してきました。

しかし、この二つの手法は機械設計に限らず、勉強のスケジュール作成やスポーツのトレーニングメニューの作成、パーティーやフェスティバルなどの企画に至るまで、新たな価値あるアイデアを生み出して、世の中に役立つハードやソフトとして実現するすべてのチャレンジに役立つことは、もうおわかりいただけたと思います。

とりわけ「思いつきノート」の四枚目でアイデアの完成度を高めるときや、「思考展開図」でアイデアを実現可能なものへと整理・洗練するときに重要な役割を果たす「仮想演習」は、勉強やスポーツ、仕事はもちろん、絵画や小説、音楽、映画などの作品を生み出す創作活動にも大いに役立ちます。

「思いつきノート」や「思考展開図」を習慣的につけるようになって、仮想演習を何度も体験し、実際にアイデアの実現化へのチャレンジを続ければ、その挑戦の結果が成功か失敗かには関係なく、鍛錬された創造的思考と蓄積された体験的知識によって、自分が思いついたアイデアをかなり高い可能性で実現できるクリエイティブ（創造的）な生き方のヒントが与えられることでしょう。

創造的思考を身につけることは、失敗を恐れず、チャレンジする精神を養い、クリエイティブな生き方を歩むきっかけと勇気を与えてくれるのです。

それこそが失敗学から生まれた創造学の真の目的だと私は考えています。

第五章　クリエイティブな生き方に挑む

1　創造的思考は「おもしろそう！」から始まる

人間はＡＩに勝てないのか

第一章から第四章まで、私が何十年と研究を続けて構築した「失敗学」と「創造学」について、みなさんに解説してきました。それらのもととなっている考え方が、単なる「論理的思考」だけではなく「創造的思考」が重要であることも、理解していただけたかと思います。

そこで、この二つの思考法にはどんなちがいがあるのか、また、通常の論理的思考に加えて、創造的思考を実践するためには何が必要なのか、ここで改めて考えてみたいと思います。

ひとは何かを考えるとき、一般的には、その始点となる「課題」から始めて、論理的なプロセスを踏まえながら、順番に思索を進め、やがて終点となる「解（解決策）」に達します。

論理的思考は、コンピューターの計算方法にたとえると「ノイマン型」です。この言葉は「コンピューターの父」と呼ばれる米国の数学者、ジョン・フォン・ノイマン（John von Neumann）の名前に由来します。ノイマン型とは、簡単に説明すれば「プログラムをデータとしてメモリーに格納し、順番に読み込んで演算を実行するタイプ」のことで、現在のコンピューターのほとんどがこのノイマン型です。

第二次世界大戦後に登場したノイマン型のコンピューターは、その後、急速に演算能力を高めていきました。そして現在、理化学研究所と富士通によって共同開発された世界最速（二〇二〇年一一月現在）の計算速度を誇る日本のスーパーコンピューター「富岳」にまで進歩したわけです。

さらに「機械学習」という新たな技術も登場しました。こちらも簡単に言えば「与えられたデータからコンピューターがなんらかの規則や判断する基準となるものを自動的に学習して、そのデータから予測・判断して求めた「解」を導き出す手法」です。さらに、この機械学習に「ディープ・ラーニング（深層学習）」と呼ばれる新たな手法が加えられたことによって、「ＡＩ（artificial intelligence）」という略称で呼ばれる現在の人工知能へと進化したのです。

このＡＩを搭載したコンピューター将棋のプログラム「Ponanza（ポナンザ）」が、二〇一七年の第二期将棋電王戦で、将棋のプロ棋士で二十代目名人の佐藤天彦《さとうあまひこ》九段に勝利したとき、世間は「ついに〝人間がコンピューターに勝てない時代〟が到来した」と騒然となりました。

いまの将棋のプロの対戦をテレビやネットで観戦すると、棋士が一手さすごとに、画面の端にＡＩが計算（予測）したそれぞれの棋士の「勝率（その局面での優勢度合い）」が瞬時に表示されます。実際に対戦している棋士自身が分からなかったとしても、その一手でどれほど勝利（または敗北）に近づいたのか、ＡＩは即座に勝率を割り出して、具体的な数値で表示するのです。

しかも、ＡＩがどのようにして「解」にたどり着いたのか、演算のプロセスは〝ブラックボックス〟になっているので、人間があとから理解しようとしても無理なのですから、誰もが「もう人間はコンピューターに勝てない」と思ったのも当然でしょう。

しかし、ＡＩも決して〝万能のコンピューター〟ではありません。

理由は、機械学習が解を導き出す仕組みにあります。

実際はより複雑で高度な計算が行われていますが、ここでは機械学習のごく基本的な部分の仕組みについて、わかりやすい事例で解説しましょう。

ノイマン型コンピューターの限界

たとえば、コンピューターにネット上から「ネコ」の画像を見つけ出させるケースを考えてみましょう。

コンピューターには「ネコ」がどんな生き物なのかわかりませんから、最初に人間が「ネコ」の写っている画像や生物としての特徴などの詳細な情報を数多くインプットしなければなりません。

ところが、機械学習のニューラルネットワークの分析手法をディープ・ラーニングで拡張したAIは、人間による最初の「ネコ」のデータのインプットを必要としません。AIは、インターネット上から膨大な情報を自ら入手して、「ネコの画像として正しいものと正しくないものの区別」という学習（ラーニング）をくり返し、やがて「この情報（画像）が「ネコ」だ」と判断するようになり、「ネコの画像」という「解」を導き出すのです。このとき、AIは計算能力の高さを発揮して、その膨大な作業を短時間でやり遂げるわけです。

ポナンザが勝てたのも、プロ棋士たちが残してきた過去の膨大な棋譜（データ）をもとにして、対局中に対戦相手から一手指されるごとに、一致する局面を検索・照合して、そこから先の勝ちパターンへの組み合わせを検討し、「この局面になったら次はこう指して、その次はこう指せば優勢になる（最後は王手にたどり着く）」という指し筋をものすごい速さで計算し読み切ったからです。

「優れたプロ棋士は一手を指すとき、その何十手先までも読んでいる」と言われますが、AIは、これまでに棋士たちによって残された何万という棋譜のデータを参考にしながら、棋士のはるか先まで瞬時に指し手（正解）を計算しているのです。そのような「蓄積されたデータ数と計算速度」を競わなければならないとしたら、人間が将棋でＡＩに勝つのはほぼ不可能と言えるでしょう。

しかし、だからと言って「何かを思考するとき、もう人間はＡＩに勝てない」などと嘆き悲しむ必要はありません。

そのＡＩが得意とする作業も、大きな枠組みでとらえるとすれば、第三章で解説した「こうすれば最も速く「解」に到達できる」という〝旧来の学校教育〟と同じタイプの思考法と言えるからです。

ＡＩが超高速で求めることができるのは、あくまでも「勝つためにすでに実践されたことのある「解」への最短距離」であって、決して「誰もがまだ成し遂げたことのない創造的（クリエイティブ）な偉業」ではないのです。

それゆえに、ＡＩが飛躍的な進歩を遂げた現在に至っても、弱冠一九歳で五冠を達成した藤井《ふじい》聡太《そうた》竜王（王位・叡王《えいおう》・王将・棋聖《きせい》）のような一流のプロ棋士たちは、ＡＩによってかなりの劣勢と判断された窮地も一気にひっくり返してしまう起死回生の一手を指せるのです。だからこそ、ひととひととが死力を尽くして戦う将棋の人気が衰えることはないのです。

ノイマン型のコンピューターが論理的思考を究極まで進歩させてスパコンに発展しようとも、機械学習やディープラーニングという新たな手法で飛躍的に進化したＡＩが登場しようとも、人間の創造的思考の代わりにはなり得ません。

では、どうすれば創造的思考を身につけることができるのでしょうか。

「これはできそうだ」「こうすればうまくいく」という成功・失敗を基準に、論理的に〝成功する確率が高められる方法〟を求めているだけでは、創造的思考を身につけることなどできません。

創造的思考へのアプローチは「おもしろそう！」「楽しそう！」という素直な気持ちに従うことから始まるのです。

クリエイティブに生きる大谷翔平選手

プロ野球の大谷翔平《おおたにしょうへい》選手はピッチャーとバッターの「二刀流」でメジャーリーグ（ＭＬＢ）でも目覚ましい活躍を見せ、数々の賞を総なめにしました。

今でこそ大谷選手の二刀流は称賛されていますが、二〇一三年に日本ハム・ファイターズで栗山英樹《くりやまひでき》監督（当時）が大谷選手の意向を汲《く》んでピッチャーとバッターの両方での起用を発表したとき、一部のプロ野球の業界関係者やスポーツ関連の評論家などからは「そんな非常識なことをさせて、逸材である大谷選手の将来を潰す気か！」という内容の激しい批判や非難の声がたくさん上がりました。

それでも本人の二刀流の決意は変わらず、栗山監督も失敗したときの責任追及を甘んじて受ける覚悟で、ピッチャーとバッターの両方で大谷選手を起用しました。その栗山監督の勇気ある決断に応えて、大谷選手は二刀流で目覚ましい成績を残したあと、新たなチャレンジの場であるアメリカに渡り、大リーグでは一〇〇年も前にベーブ・ルースしかできなかった二刀流での偉業を成し遂げたのです。

常識の範囲で考えたときに「正しい」とされる「解」にできるかぎり確実かつ最短で到達しようとする論理的思考に従えば「ピッチングに専念して将来の大投手を目指す」か「バッティングだけに集中して大打者になる」のいずれかを選ぶ方が、「ピッチングにもバッティングにも全力を尽くしてチャレンジする」という茨の道を選ぶよりも、成功する可能性が高くなるでしょう。

しかし、大谷選手はあえて「成功する可能性の高い選択肢」を選びませんでした。大谷選手は自分が「やりたい！」と思ったこと、「なりたい！」と願った姿を目指して、決断し、挑戦したのです。かつては「常識はずれ」や「無謀」などと揶揄《やゆ》され、誰も成功するとは想像すらできなかった大谷選手のチャレンジがなければ、今の素晴らしい活躍を私たちが目にすることはなかったでしょう。そんな大谷選手こそ「クリエイティブな生き方」を実践している若者だと私は思うのです。

スポーツにかぎらず、あらゆる「創造的（クリエイティブ）な偉業」を達成したひとたちは、世間では「絶対に変えられないもの」と考えられていた「常識」の壁を突破した者たちです。そして、当時の常識では無謀とも考えられた挑戦に彼らを駆り立てたものは、純粋に「おもしろそう！」「楽しそう！」という想《おも》いであり、その想いこそが最も大きな原動力になったのだろうと私は推測します。

たとえ前例のないモノやコトであったとしても、「そっちの方がなんだかおもしろそう！」とか「ふつうはこんなことやらないのだろうけど、でも、やりたいからやってみよう！」とひらめいたとき、その「ひらめき（アイデア）」を実現するために、自分自身を信じて、一生懸命に努力を続けることが何より大切なのです。

私はこの本の冒頭で、現代の日本に蔓延《まんえん》する「決して他人の失敗を許さない風潮」の危険性について触れました。

しかし、不思議に思うのですが、その「失敗を過度に忌み嫌い、過剰に恐れる世間の雰囲気」が日本の社会を覆い尽くす一方で、なぜか、「成功する可能性の高い選択肢」ではなく、大谷選手のように「自分のやりたい（なりたい）気持ちを尊重してチャレンジする道」を選ぶケースも、近年、よく見かけるようになりました。

たとえば、二〇二一年夏の東京五輪や二〇二二年の北京五輪での若い世代の活躍がその最たる例です。

2　挑戦への敬意が世界を変える

失敗を恐れずチャレンジする若者たち

二〇二一年夏の東京五輪スケートボード女子ストリートで、西矢椛《にしやもみじ》選手は日本勢の史上最年少の一三歳で金メダリストになりました。西矢選手のチャレンジ精神に富んだ素晴らしいパフォーマンスは、彼女が競技を終えた瞬間のアナウンサーの「真夏の大冒険！」という実況放送とともに、人々の記憶に刻み込まれました。二〇二二年冬の北京五輪では、二三歳の平野歩夢《ひらのあゆむ》選手がスノーボード男子ハーフパイプで１４４０《フォーティーンフォーティ》（三回転）を三度も飛ぶ史上最高難度の構成を成功させて金メダルに輝き、世界じゅうから称賛を浴びました。

とくに印象的だったのは、選手たちがパフォーマンスを成功させたとき、それが自分の敗北を意味することがわかっているのに、日本だけでなく外国の選手たちまでもが、ライバルのチャレンジ成功を自分のことのように喜び、祝福している姿でした。

それは成功したときだけの話ではありません。

東京五輪の男子体操で、それまで絶対的エースとして世界の体操界を牽引《けんいん》してきた内《うち》村航平《むらこうへい》選手が鉄棒で失敗したとき、会場ではそのチャレンジ失敗に対してブーイングが起こるどころか、チャレンジしたことに対しての賞賛の拍手が贈られました。

北京五輪では、三連覇のかかったフィギュアスケート男子に出場した羽生結弦《はにゅうゆづる》選手が、フリーとショートプログラムとの合計で四位に終わり、メダルを逃しました。それでも、怪我《けが》で体調が万全の状態ではなかったにもかかわらず、前人未踏の「クワッドアクセル（四回転半ジャンプ）」にチャレンジした結果、転倒した羽生選手に対して、客席からは惜しみない拍手が湧き上がりました。

女子では世界初となる超大技の「トリプルコーク（縦三回転）」に挑戦し、いったんは着地したものの、バランスを崩して転倒した岩渕麗楽《いわぶちれいら》選手に対して、各国のライバルたちが駆け寄り、彼女の健闘を心から称《たた》えているようすには、世界中の人々が感動を覚えました。

これらのシーンに共通していたのは、成功か失敗か、あるいは勝ったか負けたかに関係なく、自分の想いや意志に従って、失敗を恐れることなく、勇敢にチャレンジした者への「リスペクト」でした。

この本の冒頭で言及した「他人事《たにんごと》だからと他人の失敗を気楽に責めることで憂さ晴らしする」というネガティブな傾向とは真逆に、「他人の勇気あるチャレンジに対して、成功すれば自分事のように喜び、失敗しても健闘を称えて敬意を払う（リスペクトする）」というポジティブな〝時代の雰囲気〟が、若い世代の間には芽生え根付きつつあるように思えてならないのです。

リスペクトを背景に生まれる新たなムーブメント

一九五〇年代半ばから日本が成し遂げた高度経済成長の原動力となったのは「工業製品の輸出産業の発展」です。明治維新以来、西洋で生み出されたもの（製品）を真似て、その精度や性能をさらに上げるのは得意だったため、海外では「日本の製品はすごく品質が高い」という信用と評価を得ることができました。その結果、日本は輸出産業を伸ばし、外貨を獲得して経済成長へとつなげたわけです。

それは「おもしろそう」とか「こんなものがあったらいいな」という発想から生まれたGoogleやFacebookなど、いわゆる「ＧＡＦＡ」と呼ばれる四大ＩＴ企業の誕生と発展の経緯とは全く異なるものでした。

ところが最近、日本でも、かつてとはちがうムーブメントが起きています。

「おもしろそうだから」「やってみたいと思ったから」などの理由でビジネスや社会活動を始める若い世代のひとたちが増えているのです。

彼らは「誰かに指示されて」ではなく、あくまでも「自分の意志」で行動します。「何がいまの時代の正解か」を求めて「自分さえ得すれば他人はどうでもいい」と考えるのではなく、「何がおもしろいか」「どうすれば楽しくなれるのか」を目指して「仲間と共同で目標を達成したい」と願うのです。

そんな従来の日本になかった潮流の背景にあるのが「リスペクト」です。この時代の変化が、若い世代から数多くの挑戦する者たちを生み出している要因ではないかと私は推測しています。チャレンジャーたちがどんどん出てくると、さらに「果敢に挑戦した者には成否を問わずリスペクトする」というポジティブな風潮が広がり、いつか、この世界全体が変わるかもしれません。

ただし、ここで一つ、注意してほしいことがあります。

時代の流れが少しずつ変わり始めると、新しい価値観を持ったひとたちが現れるようになります。すると、そんなひとたちが増えることで、また新しい価値観が広がり、やがて世界全体が変わっていきます。

しかし、いまのように時代が少しずつ変わり始めて、新しい価値観のひとたちも現れつつあるからといって、誰もが自然とそんなひとたちのようになれるという話ではないのです。周囲がいくら変化したとしても、自分から何もしなければ、自分だけ取り残されてしまう可能性の方が高いのです。

自分で動かなければ何も始まらない

家庭、学校、職場など、周囲を取り巻く環境とのやりとりによって影響を受けることで、ひとの考え方や行動は変わります。そのように、ひとの考え方や行動に影響を与えて変化させる環境を仮に「文化」という言葉に置き換えるならば、私たちはつい「文化が変われば、文化がひとに与える影響も変わるので、ひとの考え方や行動そのものも変わる」と考えたくなります。

しかし、ひとが変化する要因を環境の変化にだけ求めるのはちがう気がします。

たとえどんなに時代の流れが変わって、まわりのひとたちや取り巻く環境が変化し始めたとしても、そのひと自身が何かに気づいて、進みたい方向に動き出さないかぎり、何も起こらないと思うのです。いくら失敗学や創造学を読んで、「自分の頭で考えて、失敗を恐れずにチャレンジすれば、クリエイティブな生き方ができる」と気づいてもらえたとしても、自ら動き出そうとしなければ、結局、何も変わらないのです。

失敗学や創造学は「楽しいことがしたい」「おもしろいことをやりたい」と思い立って、自分の意志で動き始めようとするひとを応援することはできます。しかし、自分から動こうという気のない、他人任せのひとを動かすことはできません。

すべては、あなた自身が動き出すことからしか始まらないのです。

時代の変化を感じて、勇気を持って動き始めたとしても、最初からうまくいくことは滅多にありません。失敗したり、思い通りにいかないことが積み重なっていく中で、ジタバタしながら、それでも諦めず、いろんな挑戦を続けていくうちに自分自身が変わっていき、自分が変わっていけば、まわりも変わっていく……そのくり返しが、創造的な人生を送るためには必要なのです。

失敗学で「失敗と上手に付き合う方法」を身につければ、大きな失敗の起こる可能性を低くしながら、数々の失敗から貴重な体験的知識を得ることで、前例も見本もないことにチャレンジする勇気が持てます。

創造学の「創造的思考」を活用すれば、失敗から蓄えた体験的知識を使って、ひらめいたアイデアを具現化し、「おもしろい！」「実現したい！」と思ったことに突き進むクリエイティブな生き方ができる可能性も広がります。

あなたがもしクリエイティブな生き方を望むのであれば、失敗を恐れず、自由に楽しくチャレンジできるように、そっと背中を押す――失敗学と創造学は、そのためにある学問であり哲学なのです。

おわりに

取り返しのつかないような大きな失敗の可能性を低くしながら、起こってしまった失敗から貴重な体験的知識を得る。リカバーできる程度の失敗を恐れることなく、自分のやりたいこと、なりたい姿を求めて勇猛果敢にチャレンジする。そのために必要な〝考え方〟を身につけるための学問であり哲学が「失敗学」であり「創造学」です。

SNSなどのネット上で、匿名性の陰に隠れて、他人の失敗を無責任に叩《たた》いたり、誹《ひ》謗《ぼう》中傷する風潮が蔓延《まんえん》した現代において、過剰に萎縮したり、失敗を恐れるあまり、貴重な成功の機会や成長のチャンスを失うことがないように、失敗学と創造学で身につけた知識やノウハウを活《い》かして、高校生の読者のみなさんにはよりクリエイティブな生き方を実践してほしいというのが、この本の企画意図でした。

時代は刻一刻と変化します。この本が企画されたのは、コロナ禍で日本が右往左往している最中《さなか》でした。〝コロナ前〟に比べて、私たちの生活は一変しました。それでもなんとか最低限の〝健全な社会〟は維持されました。失敗学を身につけていなくても、健全性さえ保たれていれば、ある程度までは社会が個人を守ってくれます。

しかし、二〇二二年二月、ロシアがウクライナに侵攻してから〝世界情勢の健全さ〟はもろくも崩れ去りました。いつまでも変わらないと信じられていた日本の〝平和〟ですら危険にさらされるようになり、〝日本社会の健全さ〟もいつそこなわれてしまうかわからない状況になりました。

危機的状況をあたかも他人事《たにんごと》のように考えて、溢《あふ》れる情報を鵜呑《うの》みにしてしまうのは愚かで危険な行為です。社会の状況をきちんと自分事としてとらえて、正しい情報だけを慎重に選び、必要な情報は自ら進んで求めなければなりません。

そんなとき、何より重要なのは「危機的状況（失敗）がなぜ起こったのか、これからどう対応すべきか、自分の頭でちゃんと考えて、的確な対策をとること」です。

それはまさに、この本で解説してきた「失敗学」の根幹をなす考え方です。

人生をクリエイティブなものにするために、また、現在の不安定な世界および日本の情勢を自分の目で見極め、自分の頭で分析し、未来をより良く生き抜くために、失敗学と創造学の価値はさらに高まったように思えます。

私は、この本が、これから社会に出て、日本や世界の行く末を決めることになる読者のみなさんの一つの指針となることを願ってやみません。

ちくまプリマー新書

ちくまプリマー新書

238
おとなになるってどんなこと？
吉本ばなな
勉強しなくちゃダメ？　普通って？　生きることに意味はあるの？　死ぬとどうなるの？　人生について、生まれてきた目的について吉本ばななさんからのメッセージ。

266
みんなの道徳解体新書　パオロ・マッツァリーノ
道徳って何なのか、誰のために必要なのか、副読本を読んでみたら……。つっこみどころ満載の抱腹絶倒の話、意味不明な話、偏った話満載だった⁉

284
13歳からの「学問のすすめ」
福澤諭吉
齋藤孝訳・解説
近代国家とはどのようなもので、国民はどうあるべきか。今なお我々に強く語りかける、150年近く前に書かれたベストセラーの言葉をよりわかりやすく伝える。

385
従順さのどこがいけないのか
将基面貴巳
「みんな、そうしているよ」「ルールだから、しかたがない」「先生がいってるんだから」この発想がいかに危険なものなのか、政治、思想、歴史から解明します。

074
ほんとはこわい「やさしさ社会」
森真一
「やさしさ」「楽しさ」が善いとされ、人間関係のルールである現代社会。それがもたらす「しんどさ」「こわさ」をなくし、もっと気楽に生きるための智恵を探る。

ちくまプリマー新書

ちくまプリマー新書

222
友だちは永遠じゃない
――社会学でつながりを考える
森真一
親子や友人、学校や会社など固定的な関係も「一時的協力理論」というフィルターを通すと、違った姿が見えてくる。そんな社会像やそこに見いだせる可能性を考える。

236
〈自分らしさ〉って何だろう？
――自分と向き合う心理学
榎本博明
青年期に誰しもがぶつかる〈自分らしさ〉の問題。答えを見出しにくい現代において、どうすれば自分らしく生きていけるのか。「自己物語」という視点から考える。

262
レジリエンス入門
――折れない心のつくり方
内田和俊
人生には心が折れやすくなる時期がある。どうすればそれを乗り越え、成長できるのか。心の自然治癒力＝「レジリエンス」を高め、たくましく生きる方法を伝える。

373
勉強する気はなぜ起こらないのか
外山美樹
気持ちがあがらない、誘惑に負けちゃう。お困りなあなたにやる気をコントロールするコツを教えます。目標設定、友人関係、ネガティブ戦略など、どれも効果的！

379
リスク心理学
――危機対応から心の本質を理解する
中谷内一也
人間には危機に対応する心のしくみが備わっている。しかし、そのしくみには一癖あるらしい。感情と合理性の衝突、リスク評価の基準など、最新の研究成果を紹介。

ちくまプリマー新書

392
「人それぞれ」がさみしい
――「やさしく・冷たい」人間関係を考える
石田光規
他人と深い関係を築けなくなったのはなぜか――相手との距離をとろうとする人間関係のありかたや、「人それぞれ」の社会に隠れた息苦しさを見直す一冊。

378
生きのびるための流域思考
岸由二
かつてない量の雨が日本列島を襲っている。頭上の雨だけを見ていても水土砂災害は分からない。雨は流域で集められることを知って安全なところへ！

226
何のために「学ぶ」のか
――〈中学生からの大学講義〉1
外山滋比古／前田英樹／今福龍太
茂木健一郎／本川達雄／小林康夫
鷲田清一
大事なのは知識じゃない。正解のない問いを、考え続けるための知恵である。変化の激しい時代を生きる若い人たちへ、学びの達人たちが語る、心に響くメッセージ。

227
考える方法
――〈中学生からの大学講義〉2
永井均／池内了／管啓次郎
萱野稔人／上野千鶴子／
若林幹夫／古井由吉
世の中には、言葉で表現できないことや答えのない問題がたくさんある。簡単に結論に飛びつかないために、考える達人が物事を解きほぐすことの豊かさを伝える。

228
科学は未来をひらく
――〈中学生からの大学講義〉3
村上陽一郎／中村桂子／佐藤勝彦
高薮縁／西成活裕／長谷川眞理子
藤田紘一郎／福岡伸一
宇宙はいつ始まったのか？　生き物はどうして生きているのか？　科学は長い間、多くの疑問に挑み続けている。第一線で活躍する著者たちが広くて深い世界に誘う。

ちくまプリマー新書

229
揺らぐ世界
――〈中学生からの大学講義〉4
立花隆／岡真理／橋爪大三郎
森達也／藤原帰一／川田順造
伊豫谷登士翁
紛争、格差、環境問題……。世界はいまも多くの問題を抱えて揺らぐ。これらを理解するための視点は、どうすれば身につくのか。多彩な先生たちが示すヒント。

230
生き抜く力を身につける
――〈中学生からの大学講義〉5
大澤真幸／北田暁大／多木浩二
宮沢章夫／阿形清和／
鵜飼哲／西谷修
いくらでも選択肢のあるこの社会で、私たちは息苦しさを感じている。既存の枠組みを超えてきた先人達から、見取り図のない時代を生きるサバイバル技術を学ぼう！

305
学ぶということ
――続・中学生からの大学講義1
桐光学園＋
ちくまプリマー新書編集部編
受験突破だけが目標じゃない。学び、考え続ければ重い扉が開くこともある。変化の激しい時代を生きる若い人たちへ、先達が伝える、これからの学びかた・考えかた。

306
歴史の読みかた
――続・中学生からの大学講義2
桐光学園＋
ちくまプリマー新書編集部編
人類の長い歩みには、「これから」を学ぶヒントがいっぱいつまっている。その読み解きかたを先達に学び、君たち自身の手で未来をつくっていこう！

307
創造するということ
――続・中学生からの大学講義3
桐光学園＋
ちくまプリマー新書編集部編
技術やネットワークが進化した今、一人でも様々なことができるようになってきた。新しい価値観を創る力を身につけて、自由な発想で一歩を踏み出そう。

ちくまプリマー新書404
やらかした時《とき》にどうするか

二〇二二年六月 十 日　初版第一刷発行
二〇二三年二月二十日　初版第四刷発行

著者　畑村洋太郎（はたむら・ようたろう）

装幀　クラフト・エヴィング商會

発行者　喜入冬子

発行所　株式会社筑摩書房
東京都台東区蔵前二‐五‐三　〒一一一‐八七五五
電話番号　〇三‐五六八七‐二六〇一（代表）

印刷・製本　中央精版印刷株式会社

ISBN978-4-480-68429-5 C0295 Printed in Japan